JN239115

コンサル一年目が学ぶこと

大石哲之

Discover

はじめに

　本書は、社会人一年目からベテランまでのみなさんに、普遍的に役立つスキルを身につけてもらいたい、それも、一過性のものではなく、15年、20年と、生き続けるスキルを身につけてもらいたいと思って書きました。決して、コンサルティング会社に勤める人のためだけのものではありません。

　にもかかわらず、本書のテーマを「コンサル一年目が学ぶこと」としたのは、外資系のコンサルティング会社の出身者が、業界や職種を問わず、さまざまな場所で活躍しているからです。ということは、彼ら、彼女らが、コンサルタント時代に学んだことのなかに、業界、職種を問わず、広く活躍できる、普遍的な仕事力というのが含まれているという仮説が成り立ちます。

　では、その普遍的な仕事力とは何でしょうか？

　そこで、各界で活躍する元コンサルタントの方に取材をし、15年前の新人時代を思い出してもらうことにしました。そして、新人時代に学んだことのなかで、15年たっても記憶に残っていること、15年たっても役に立っていること、つまり、職種・業界が変わっても通用し、また、リーダーや経営者の立場になっても通用していることを挙げてもらいました。それこそが、15年間磨かれ光り輝くようになった、ダイヤモンドの原石にあたるようなスキル・経験だからです。

そして、そのスキル・経験について、わたしのほうから一般的な解説を加えたものが本書ということになります。

まとめると、本書を読むことで、

・職業を問わず、業界を問わず、15年後にも役立つ普遍的なスキルを
・社会人一年目で学んだときの基礎的なレベルから

理解できるようになります。

本書の構成と成り立ちについて、お話ししましょう。

まず取材については、新人時代から15年〜20年ほどたち、35〜40歳くらいになるわたしと同年代の方にお願いしました。

業界、職業もなるべく幅広くしようと、外資系ファームのパートナーになっている方、ベンチャー創業に携わり会社を上場させた方、政治家に転身された方、経営者や作家として複数の著作がある方、大学で教鞭をとられている方、上場企業でマネジメントにつかれている方、独立してコンサルタントを営まれている方、そのほか多くの方々にお話を聞きました。


これらの取材をもとに、項目を整理して、30個の重要スキルにまとめ、それぞれの項目について、一般的な解説を加えつつ、取材した元コンサルタントの体験談とわたし自身の体験談を組み合わせて提示するという構成をとりました。

スキルは4つのカテゴリに分けられ、4章構成になっています。

第1章は、「話す技術」と称して、おもにコミュニケーション面でのスキルをとりあげています。コミュニケーションの基礎中の基礎でありながら、小手先のテクニックに収まらない普遍的な話を中心にまとめてあります。

ファクトで話す、率直に話す、結論から話すなど、他の本でもとりあげられているものも多いかもしれませんが、それはつまり、それだけ重要だということです。とりわけ「期待値」の話は重要です。多くの元コンサルタントが、期待値を超えることの普遍的な重要性について語ってくれました。

第2章は、「思考術」と称して、おもに、論理思考や仮説思考、問題解決といったコンサルティング的なスキルを中心にとりあげ、基礎的な考え方と、それをどのようにさまざまな仕事や場面で生かしていくのか、ということについてまとめています。

この章でとりわけ大事なのは、「仮説思考」です。コンサルタントの思考のエッセンスは仮説思考のなかに詰まっており、一度身につければ生涯、色褪せません。元コンサルタントの方の全員が、仮説思考を現在の仕事にフルに生かしています。

第3章は、「デスクワーク術」と称して、テクニック寄りのことをまとめています。議事録の書き方、スライドの基本、効率のよい勉強法、プロジェクトの課題管理方法などです。

一年目で学べるテクニックの類はそれこそ無数にあると思いますが、そのなかでも時代を超えて使える武器になるテクニックのみに絞って解説しています。

第4章は、「ビジネスマインド」です。プロフェッショナルとは何か、ということから、コミットメントやフォロワーシップ、チームワークなどについてまとめました。
必要なスキルというのは、業界や職種によって異なるものもありますが、仕事をするうえでのマインドは、どんな仕事をしていても、普遍的に通用するものです。この章では、一般的な解説を加えることよりも、一年目の具体的な体験を多く引用し、臨場感のある記述を心がけました。

類書とは異なり取材した方々の体験ができるだけ伝わる、より実践的なものとしたつもりです。このため、多少饒舌になっている箇所があるかもしれませんが、あたかも先輩から実地で指導を受けているような、そんな体験を本書でもっていただければ、幸いです。

大石哲之

コンサル一年目が学ぶこと　目次

第1章

コンサル流話す技術

第2章

コンサル流思考術

第3章

コンサル流デスクワーク術

第4章

プロフェッショナル・ビジネスマインド

第1章

コンサル流
話す技術

01

結論から話す

重要度
★★

難易度
★

「まず、結論から話しなさい」

これは多くのビジネス書で書かれているので、一度は聞いたことがある方もいらっしゃるかもしれません。それでもあらためてここで書かなくてはいけないのは、これがコンサルタントとして学んだことのなかでもっとも役に立ち、いまも意識している**コミュニケーションの鉄則**だからです。

そんなわたしもコンサルティング会社に入るまでは、物事は順番に話すのがふつうでした。学校でも、起承転結、つまり順番通りに話しなさいと習った人のほうが多いはずです。

これを「演繹的な話し方」といいます。

「ああで、こうで、そうで、だから、こうなります」といった具合に、物事を順番に話していく方法です。

数学の式が、典型的です。

はじめに、aとbがあります。

次に、a＋bは3です。

その次に、bは2以上の値をとります。

ですから、aは1以下の値になります。【結論】

このように、前提から順番に話しはじめ、徐々に展開して、最後に結論にいたります。

それに対して、結論から話す方法を「帰納的な話し方」といいます。

こちらは、実験が典型的です。

この液体と、この液体を混ぜたら、○○ができました。【結論】

なぜそういう現象が起きたのかというと、次のような理由からです……

このように、まず結論から話し、続けて詳細を明らかにしていきます。

大学生なら、レポートや論文を書くときに、指導されたはずです。

まず、そのレポートで言いたいことを書く。そのあとに、どうしてそういうことになるのか、の理由付けをしていく。

読書感想文ではだらだらと、自分が思ったことを連ねる書き方もいいでしょう。しかし、レポートとしては赤点です。


コンサルティング会社では、あらゆるものが、「結論から」のフォーマットに沿っていました。そして、常にそれを意識するよう、すべてにおいて徹底されていました。

コンサルティングの報告書はもちろん、日常のメール、メモ書き、上司とのやりとり、**すべて、結論から言う**ことが徹底されました。

こうすることのメリットは、やはり、物事がシンプルに明確になるということです。それにより、**短い時間で相手に必要なことを伝える**ことができます。


わたしも慣れるのには苦労しました。どうしても日本人の思考法は、経過があって、順番があって、最後に結論がきます。日本語の語順からしてそうなっているからです。それを最初に結論がくるように逆転させるのですから、慣れが必要で、意識的にやって身につけていくしかありません。

PREPの型に従う

結論から話す方法論としては、ＰＲＥＰ法というものがあります。まずこの原則を理解しましょう。

ＰＲＥＰとは、次の用語の頭文字を並べたものです。

Point = 結論
Reason = 理由づけ
Example = 具体例
Point = 結論の繰り返しで締める

これを、繰り返し意識して、できるようにします。

たとえば、本書について、PREP法で説明してみます。

「本書の目的は、わたしがコンサルタント一年目に学んだ、15年後も使える普遍的なスキルを読者のみなさんに身につけてもらうことです」

「なぜ、コンサルタント一年目なのか？　まず、コンサルタントは他の職種に比べて、整理された方法論を学ぶことができます。さらに、15年たっても使えるような普遍的なスキルの多くは一年目に学びます。そのエッセンスを抜き出せば、多くの方に役立つはずです」

「たとえば、結論から話す、というのがその事例です。結論から話すとは……」

という感じです。

とにかく、これは「型」なので、意識してやってみてください。

ふだん話すときも、質問に答えるときも、PREPで、結論から話す

ふだん話すときも、思いついたことから喋るというクセをなくしてください。

一度、PREPの型を思い出して頭の中を整理する。そして結論から話すのです。

人はどうしても聞かれたことにすぐに答えなくてはダメだ、まず何かを喋ろうと焦ってしまいがちです。そして、整理せずに、とりあえず思いついたことを言おうとしてしまう。

わたしにもそういうクセがありました。人の質問に対して、詰まったり、何か返すことができないと、頭の回転が遅いと思われるのではないか、という漠然とした恐怖感があったからです。で、その場を取り繕うために、とりあえず、何か言う。

しかし、そういうことは、ビジネスでは通用しないことがわかりました。早速一年目に指摘されたのです。

「大石さん、わたしの質問に対して、取り繕うように何か言わないでいいですから」

ハッとしました。取り繕うようなことを言うほうがよっぽど頭が悪く見えるということがわかったのです。

マネジャーは、「5分考えてからでいいので、ちゃんと頭を整理してから、もう一度答えてください」と言いました。

自分のなかで、頭がスッキリした瞬間です。すぐ答えることだけを意識していた自分にとっては、考える時間をとってもいい、というのは、まさに目からウロコでした。

それ以来、言葉に詰まる質問をあびたときは、**「1、2分考える時間をください」と言ってから、黙って考え、頭の中を整理し、結論から話す**ようにしています。

会議は、結論から逆算して運営する

結論がもっとも意識されるべき場面は会議です。

会議の際には、必ず「アジェンダ」を用意します。アジェンダとは、要するに議題なのですが、日本語で議題というとかなり曖昧なものも含んでしまいます。これに対し、アジェンダは、より積極的に「論点」とか「**どういう結論を出すべきかというゴールイメージ**」を列挙したものをさします。たとえば、

「この会議のアジェンダは、コンサルタント一年目でもっとも大事なスキルを30個挙げることが目的です。それが議論したいことであり、ゴールであり、結論になります」

このように、何を結論としたいのか、会議で何を決めるのか、それを数字に落とし込ん

で宣言してしまいましょう。会議の最後で何が決まっていればＯＫなのか。そのテーマこそが、会議のアジェンダとなります。そして、

どういう結論が得たいのか？
そのためにはどういう段取りをするのがよいのか？
どういうふうにそれを決めていくのか？

といったように、**得たい結論から逆算して会議の運営をします。**これを意識するだけで、会議の方向性がブレにくくなります。

報告書はもちろん、日常のメールも、
話すときも、答えるときも、会議の運営も、
すべて、結論から。
ＰＲＥＰの型に沿って。

02

Talk Straight 端的に話す

重要度 ★

難易度 ★

外資系コンサルティング会社は、なにかと標語が多く、それが新人の行動の指針になっていることがあります。

「Talk Straight（トーク・ストレート）」もそのひとつで、これは、**端的に喋る、簡潔に喋る、**という意味と、**率直に喋る、**という意味が合わさったものだと理解していただければいいでしょう。

言い換えれば、**変な駆け引きをせず、言い訳をせず、言われたことにきちんとストレートに答える**こと。相手の信頼を得るために非常に大事なこととして、いまも常に心がけています。

言い訳はいい。質問にはイエス・ノーで率直に答える

上司に、「あの調べものはできた？　事例のやつ」と質問をされたとしましょう。まだ終わっていなかったとき、あなたはどう答えますか？

だいたいこういう質問がくるときは、作業が遅れ気味か、うまくいっていないときと決まっています。すでにできていたら、真っ先に報告していますから。

新人のころは作業がうまくいかないのは当たり前で、そういうときに、こういう質問を投げられると、びくびくしてしまうもの。ついつい、言い訳から入ってしまいがちです。

いまのわたしなら、素直に、「まだ、できていません」と答えられます。叱られるかもしれませんが、それも承知です。

というのも、マネジャーが知りたいのは、単に、**できたか、できていないかという事実**です。そして、もしできていないのなら、どうしてできないのかという原因。それだけです。**言い訳なんて聞きたくありませんし、できていないのならしかたない、できる方法を**

考えるだけです。
怒ったとしても、自分に対して怒っているわけではなく、単に、物事を前に進めたいのだということが、いまなら、わかるからです。

だから、こういうときはまず、

「まだできていません」とか、

「事例は1件見つかっただけです」

といった具合に端的に答えるべきなのです。これが、質問にストレートに答えるということです。

これを心がけるようになってから、実は怒られる度合いが減りました。

Talk Straight
=駆け引き抜きに、率直に、簡潔に、端的に話す

ごくごく簡単な例で言うと、たとえば、待ち合わせに遅れているとき。

「いまどこにいる?」

と言われたとき、言い訳をしない。いまどこにいるのかと聞かれているのだから、現在地をまず答える。

「表参道駅、千代田線のホームです」

そのあとで、あと何分かかる見込みだとか、迷っているのでヘルプしてほしいとか、そういうことを付け加えるべきです。寝坊したとか、トラブルがあったとか、そういうことを言うのは、現地に到着してミーティングなどすべてが終わってからにすべきでしょう。

わたしも、新人時代、実際にミーティングに寝坊して遅れたことがありました。電話があったとき、まだ寝ていたのです。

「いまどこにいる?」

「いま、家です。いま起きました。」

「ふざけんな!」

覚悟をしたのですが、次の言葉はあっけないものでした。

「クライアントとのミーティングに寝坊して登場するわけにはいかないから、こっち(客先)に来ないでオフィスに行け。言い訳はあとで聞く」

結局、ミーティングから戻ってきたマネジャーには「寝坊はするな」と、ひとこと言われただけで、クライアントとのミーティングで出た課題を渡され、次の作業の指示を受けて終わりました。

イエス・ノーがはっきりすると、「なぜ？」へと進める。「なぜ？」へと進めれば、問題の所在がわかる

質問にストレートに答えると、自然とコミュニケーションが図られて、問題の所在がわかります。相手は、その先の「なぜ？」や「どうして？」を聞いてくるからです。


「分析はできたのか？」

「できていません」

「なぜできないのか？」

「想定した分析結果にはなりませんでした」

「どうして？」


この、**相手の「なぜ？　どうして？」に答えていくことによって、自然とコミュニケーションが図られて、問題の所在がわかる**のです。

まず、質問に、イエスなりノーなりで端的に答える。次に、追加の説明をしたり、相手の質問に答えていく。

「できていません」の結果だけ聞いていきなり激怒する人は少ないと思います。さすがに、その先の話も聞かなくては判断できない。だから、むしろ、イエス・ノーで端的に答えたほうが、怒られにくい。

「分析グラフができていないというけれど、何が問題なんだ？」

「はい、グラフ化しようとしても、データ自体に問題があって集計できるようになっていないんです。これをいま直しています」

「なに？　データに問題があるのか？　時間はどのくらいかかる？」

「1週間ぐらいかかるかもしれません」

「それはまずい。その分析は今週中にやる必要がある。1週間では困るので、別の人もヘルプさせるから、2日で仕上げられるか？」

このように、イエス・ノーから始めて、順番に深掘りしていくようなコミュニケーションをすると、問題のありかがわかってきて、生産的な話になることが多いのです。

質問にストレートに答えることが、状況を明らかにする

できないときは、できる方法を提案する

イエス・ノーを端的に答えるのは、ムリな作業を依頼された場合でも同じです。

上司から、「この作業を明日までにやってほしい」と依頼があったとします。やらないといけないことはわかっているし、できないことはないけれども、間違いなく徹夜になるような無茶な指示だったとします。あなたならどう答えますか？

まず、そんな指示への不満から入りますか？

質問に答えるということは、イエス・ノーをはっきり言うことです。

たとえばこんな答え方はどうでしょう。

「はい、できます。ただし、一人ではボリューム的に無理です。手伝ってくれる人が1名

いれば、２人で協力して終わらせることができると思います」

この言い方なら、クリアーかつ、仕事が前に進みそうです。言い訳がましくありませんし、上司も、じゃあヘルプを頼もう、という考えになるでしょう。

上司の目的は、あくまでも仕事を前に進めることだからです。

間違っていることは、上司やクライアントであっても率直に指摘する

また、「Talk Straight」には、**言いにくいことでも、間違っているなら間違っていると言うこと**も含まれます。

上司や、偉い人が言っていることでも、疑ってかかる。もしそれがおかしいことであれば、ちゃんと指摘する。

その方向に進んだら、きっとうまくいかない。そういう場合は、非常に言いにくくても指摘しておかないと、あとで「どうしてわかっていたのに指摘しなかったんだ」と言われます。

わかっているのに言わないというのは、個人の感情の関係では好ましい場合もありますが、仕事においては、逆に不誠実ととらえられることのほうが多いのです。

上司やクライアントにも、必要なことなら、言いにくいこともストレートに言わなければならない。

ストレートに話をすると、空気が読めない、と言われることもあります。けれども、それでもストレートに話したほうが、結局は信頼を得ることができます。

もちろん、利害が対立している相手との交渉といったような、一方が得をして、一方が損をするもの（これをゼロサムゲームと呼びます）においては、ごまかしたり、はぐらかしたり、嘘をついたり、そういうことが効果的なこともあるかもしれません。交渉のコミュニケーションの本などでは、そういうゼロサムゲームで有効な策が多く提示されています。

けれども、実際の仕事の場面では、お互いが協力して、1プラス1が3になるような結果を出す人のほうがやはり評価されます。同じ利益を追求しようとしている者同士ですから、率直にものを言い、駆け引きをしないほうがうまくいくものです。

社内で駆け引きをしない。

03

数字というファクトで語る

重要度 ★★★

難易度 ★★

コンサルタントは、一年目であっても、年上で経験も豊富なクライアントと話すことが少なくありません。どうしてそんなことができるかというと、ずばり「**ファクトで語っているから**」です。

クライアントの会社で、コンサルティングのプロジェクトのクライアント側の担当者になるような方は、みなそれなりの年齢の人です。さらに責任者は取締役とか部長クラスで、そういう方は、だいたい50歳前後。実際にわたしが現場でやりとりする課長やリーダーといった人々も、35歳とか40歳で、とにもかくにも、新人のわたしからしたら、はるかに年上の人たちでした。

新人の目標は、そういう年上のクライアントの前に戦力として出してもらい、できれば、1対1でやりとりができるようになることでした。そのために必要となるのが、ファクトです。では、ファクトとは何なのか？

動かしようのない「ファクト」の筆頭である「数字」で語る

ファクトとは、事実のこと。つまり自分の経験談や、気の利いた言葉ではなく、**動かしようのない事実**をさします。事実の最たるものは「数字」です。数字は誰も動かしようがなく、否定もしようがありません。ですから、**数字でものを言う**のが、いちばん効果的です。

新人と呼ばれる時期も終わろうとするころ、経験もない一年目のコンサルタントの武器はそれしかない、とわたしは思うようになりました。

仮に、**世界共通言語があるとしたら、それは英語ではなく数字**です。それも、難しい数字ではなく、売上、出荷の個数、コスト、利益率などの単純な数字です。

わたしは、新人時代に、「営業の効率を上げる」ことをテーマにしたプロジェクトに配属され、そこで、はじめて1対1でクライアントと話す機会を与えられました。そのきっかけになったのが、とある会社の営業社員の行動に関するデータ分析でした。

そもそも、営業社員はどういった顧客を訪れるべきだと思いますか？

もちろん売れている顧客、より正確に言うと、「予算をたくさんもっていて、実際に買おうと考えている顧客」ですね。では、そういう顧客のところに、自社の営業社員はちゃんと足を運んでいるのか？

当たり前と思われるかもしれませんが、本当にそうなのか、数字による確認が必要です。わたしは、その数字の分析を当時のマネジャーに指示されました。作業は地道なものでした。典型的な、新人の仕事です。

まず、営業の日報を取り寄せ、誰がどこに何回訪問したのかを集計しました。そして、実際の売上実績や、マーケティング会社が提供する市場規模のデータとそれらを突き合わせました。

その結果、その会社の営業社員は、自社製品をすでに使ってくれている顧客に足繁く通っていて、結果的に、予算があるものの攻めきれていない顧客には、たいして時間を割けていない傾向があることがわかりました。

部長が知りたかったのは、この事実です。実際に、自社の営業社員がどういう行動をしているのか、部長は感覚的には問題を認識しつつも、実際の数字としては、事実を把握できておらず、人を納得させる「証拠」がありませんでした。ですから、わたしたちはコンサルタントとしてそれを調べあげました。事実は、予想された通り。**営業社員は、予算のあるところにではなく、行きやすいところに行っていた**のです。

感覚的に把握している問題を、
実際に「数字」に落とし込み、「証拠」にすることで、人を納得させる。

このデータを見た部長は、薄々感じていたことがデータで裏付けられ、納得した様子でした。もちろん、社内的にもこの事実はショックです。しかし、事実なのだから、誰も文句は言えません。しぶしぶかもしれませんが、納得するしかないのです。

その後、どうして改革が必要かを社内に語る際にも、このデータは重要な事実として引用されました。

（なお、このデータを使ってクライアントの部長に話をしたのは、一年目のわたしではなく、マネジャーです。）

その後、みんなこの数字に興味をもってくれました。わたしが分析したようなデータをすぐに取得できる簡単なシステムをつくれないか、という依頼もあり、実際につくりました。そのシステムは、その後の本格的なマーケティング分析システムを構築するきっかけともなりました。その過程で、わたしは、マーケティングに関する数字の取得と分析について任されるようになり、はじめてクライアントの前で「数字については、彼が担当します」と上司に言ってもらえたのです。

わたしは、特にたいした経験もなければ、経営に関してはまったく何も知らない単なる新人でした。しかし、**顧客が知らなかった事実を数字で示すことによって、価値を認めてもらえた**のです。

数字こそが、一年目の武器になる。
おかしいと思ったら、事実を集めて数字にする

このように、動かせない事実こそが、新人にとって、もっとも有効な武器となります。

たとえば、社内で、非効率だったり、理不尽だったり、無駄だと思えることがあって、それを改善したいと思っているとしましょう。

そういうときに、

「○○は非効率だと思います。変えるべきです。危機感をもってください」

こういう言い方をしてしまうと、人には伝わりません。相手の危機感を煽ろうとしても、逆効果です。なぜ新人がそんな偉そうなことを言うのか、と思われてしまいます。

だから、**新人であればあるほど、事実を拾ってこないといけない**のです。

いくら新人の提言であっても、それが事実ならば、聞いてもらえます。


意見は封殺されることがありますが、事実は封殺しようがありません。


「○○がおかしい」と思ったら、まず、事実を集めましょう。集めるときは、大上段にかまえたものではなく、具体的なものを集めるようにします。

たとえば、街角で調査員がカウンターをもって数えている、あのデータのように、ウェブサイトや新聞に載っていない、**あなたが数えなければ決して数えることができないようなデータこそが、有効です。**

誰が、何を、何回したのか。

どれが、いつ、何回利用されているのか。

こういう数字を集めてきてください。それこそ、カウンターをもって現場調査をしてもいいでしょう。

もしあなたが集めた数字に意味があれば、少なくともそれが完全に無視されることはありません。そして、そういう地道なことをするのが、新人の役割でもあるのです。

経験のない一年目の唯一の武器が、数字。
それもほかでは得られない、独自に集めた数字が有効。

04

数字とロジックで語る

重要度
★★☆

難易度
★★☆

もうひとつ、わたしが数字で話すことの重要性を学んだのは、文化の違う人と仕事を進めたときでした。

急速にグローバル化が進んでいるいまの時代、**世界で働く、ほかの国の人と働くということがますます必要不可欠になってきています。**

しかし、残念ながら日本人は、文化の違う外国の人と仕事をするのがあまりうまくないと言われています。日本での仕事の進め方が通用しなかったり、コミュニケーションですれ違いが起きたり。どうしたら、外国人とうまく仕事ができるようになるのでしょうか？

そのヒントを、わたしは入社後すぐの研修で学びました。社会人一年目の4月にそんな体験ができたのは、いま思えば、コンサルティング会社にいればこそのラッキーなことでした。

わたしが入社したコンサルティング会社は外資系で、入社時の研修を国外で行います。場所はアメリカのシカゴでした。シカゴの中心部から車で1時間ほどの郊外に、もともと大学のキャンパスだったところを買い取ってつくられた巨大な研修センターがありました。そこに2週間ほど寝泊まりして、同じ時期に採用された世界中のコンサルタントといっしょに研修を受けるのです。

わたしのチームは、8名ほどで構成されていました。日本人が4名ほど、残りは、他国からです。アメリカ、カナダからの人が多いのですが、イスラエルや南アフリカから来た人もいました。

グローバル企業では、このように多くの国からバックグラウンドの違う人がやって来ます。もちろん、生活習慣にはじまり、通っていた大学も、何をカッコイイと思い、何を面白いと思うかも、ファッションセンスも、ジョークのセンスも、全部違います。

要するに話が合わない。段取りもつかない。喋り方もバラバラ。収拾がつかないわけです。しかも、わたしを含めて、日本人は英語がそれほどうまくありませんから、流暢に話すことすらままなりません。しかし、このチームで話し合って、研修課題をクリアしないといけない……。

与えられた課題は、この多国籍チームで、ある缶詰会社の事業戦略を解決するというケーススタディでした。問題点をロジックツリーにまとめて構造化し、会社や市場のデータを用いて分析し、最後はプレゼンにまとめるというものです。

それ自体、よい問題解決のトレーニングでしたが、15年たったいま、より重要だったと思うのが、文化やバックグラウンドの違う人たちといっしょに仕事をする方法を学べたことです。

世界共通言語は、英語ではなく、論理（ロジック）と数字。論理があれば、議論はできる

グローバルな多国籍企業では、それぞれ考え方の土台や習慣が違うということは前提です。これを多様性（ダイバーシティ）と呼びます。

どこかひとつの国の文化を全員に強いるということはしません。その代わり、**どんな文化の人でも、絶対に共通して認め合うことができるような単純なものを基礎とします。**

なぜなら、日本人特有の言い回しをしても伝わらないし、じゃあ南アフリカ流を身につけようと思っても、すぐには無理だからです。

では、どんな文化の人でも絶対に共有して認め合えるものとは何なのか？

それが、**論理（ロジック）と数字**です。英語ができなくても、裏で何を考えているのかわからなくても、論理と数字は相手に伝わります。

研修中、英語ネイティブの人はよく喋ります。その早口の議論に、わたしを含めて日本人はまったくついていけません。しかし、わたしは途中で、**英語を流暢に喋ること自体が価値なのではない**、と気づきました。

そして、よくよく考えて、つたないけれど単純な英語で、ちゃんと喋るようにしました。

「I think……この会社の数字はこうなっている。だから、選択肢1ではなく3がベターだ」

本当に英語がつたなかったので、中学生くらいの表現でしたが、それでも数字を見せたら伝わります。

「そのとおりだ。お前は鋭い。ナイスジョブだ！」

そう言われて、気づきました。

わたしは、仕事をしに来たのであって文化交流をしに来たんじゃない。だから、ストレートに、論理と数字で議論すればいいのだと。

英語を流暢に喋ること自体が価値なのではない。論理と数字があれば伝わる。

よく「多文化で仕事をするには相手の文化を理解することが必要だ」といわれます。たしかに、1対1で相手を理解するときはそうなのでしょうが、その理解すべき文化が4つも5つも入り混じっていたら、そもそも合わせようがありません。

ポイントは、文化のような差が生じやすい高度な次元のコミュニケーションを、あえてしないことです。これを文脈が低いという意味で「**ローコンテクスト**」といいます。

たとえば、ハリウッド映画はローコンテクストだといわれます。つまり、世界の誰でもわかるような基本的なテーマ、愛、家族、正義などを扱います。

一方で、玄人好みの映画はハイコンテクストといわれます。映画の背景や文化に関する前提知識が必要で、それがないと文脈がまるで理解できません。

たとえば、日本企業の序列のなかで、部下が上司に倍返しをするようなドラマ。よくできた作品であることは疑いないのですが、あれを楽しめるのは、日本の伝統的な企業に勤めた経験がある狭い層の人だけです。そういう経験をした人にはとても面白いだろうと思うのですが、それ以外の人には、面白いかどうか以前にそもそもわからないわけです。
そういうものはどこの国にもあります。アメリカ人と、南アフリカ人と、カナダ人とイスラエル人の間で、お互いのそれを全部理解し合うのははじめから不可能です。**だから、多国籍のチームで働くときは、合わせようとすること自体をしない。**

違うところ、理解できないところは、合わせるのではなく、そのままにしておく。それが多様性というものです。そして、理解できる共通の言語は何かを探って、それでコミュニケーションをします。ビジネスの世界では、それは論理と数字なのです。

多国籍のチームで働くときは、
違うこと、合わせられないことはそのままにしておき、
理解できる共通の言語である、論理と数字で話す。

日本企業で働くときも、論理と数字でコミュニケーションできるようにする

わたしがはじめて多様性（ダイバーシティ）に触れてから、早くも15年たちましたが、ようやく日本もその問題に直面してきているように思います。

たとえば、日本でも、世代間のギャップにそれが表れています。新人とバブル世代の人、もっと上の世代では、考え方も、基礎になる経験もまったく異なります。

仕事に対する思いも違えば、将来のビジョンも違う。何を大切と思うかの価値観も、バラバラになってきているのではないでしょうか。

ダイバーシティの名のもとに、女性と外国人の活用のことばかりが論じられていますが、そもそも**ダイバーシティとは、そのようにバックグラウンドの違う人たちのさまざまな違いを認め合うこと**です。

日本の社会では、過去の価値観に全員が合わせるようなことが行われたり、もしくは、新しい価値観のほうに合わせたり、とかくひとつのものに統一しようと考えます。統一で

きると思われています。

しかし、これだけ多様化が進んだいま、たとえ日本人同士でも働き方や価値観を合わせることはもはや無理だ、という前提に立ったほうが、お互いにいいのではないでしょうか？

全員が納得のいくローコンテクストなルールや基準だけを掲げて、論理と数字でコミュニケーションをする。さらには、先に述べた、**トーク・ストレート、端的に率直に話す**ことも有効でしょう。すでに日本国内でも、多国籍企業のようなコミュニケーションが必要とされる時代がきているのです。

社員全員が同じバックグラウンドをもっているという前提は、一般のドメスティックな職場でも、もはや通用しない。全員が納得のいくローコンテクストなルールや基準だけを掲げて、論理と数字でコミュニケーションをする。トーク・ストレートで端的に率直に、結論から話す。

05

感情より論理を優先させる

重要度
★★

難易度
★★

ここまで、論理と数字で話す、ということを述べてきました。すると、反論として、本当の意味で人が動くのは、理屈ではなく感情からではないか、という声が聞こえてきそうです。

たしかに、ロジカルなイメージのあるコンサルタントといえども、ベテランともなると、ときに感情に訴えたり、想いを伝えたりと、人情的な面を強調して話すことも少なくありません。**人を動かすことのできる本当に説得力のある話は、論理面と感情面、どちらも高いレベルで完成されている**ものです。

それでも、あえてわたしがここで、論理、論理、と言っているのは、もし論理と感情、どちらを優先して身につけるべきかと、若い人に聞かれたら、やはり論理を優先すべきだと答えるからです。

今回わたしが取材させていただいたコンサルタントの一人であるアーンスト・アンド・ヤング・アドバイザリーの奥井潤さんも、

「新人ならば、まず、論理を優先して話すことを身につけなさい。**感情や熱意で押していくことは、ベテランになってからでも間に合う**」

と言っていました。なぜなら、「クライアントは、非常に賢い」からだと。

論理さえ通っていれば、上の立場の人も耳を貸すが、曖昧なことを感情で説得しようとする若造は信頼しない

企業での第一線でビジネスをやっているような人は、たとえ伝統的な、いかにも日本的なビジネススタイルで仕事をしているように見えたとしても、若い人が思うよりずっとずっと合理的です。論理が通っていないことを熱意で押したり、ちょっと曖昧なことがある部分を感情で説得しようとしたりしても、すぐに見抜かれてしまいます。そして、そのような態度をとる人は信頼されません。

まず筋が通っている話をもっていかないと、相手は話を聞いてすらくれません。

論理をおろそかにして熱意や感情だけで突っ込んでいくと、相手が経験豊富であればあるほど、うまくいかなくなるのです。

大企業はもちろん、どんなに小さな企業でも、**経営者に近い立場の人ほど、より数字で物事をとらえ、合理的に判断しています。**

経営者は、当然誰よりも成果に責任をもっています。ですから、厳しい議論でも筋が通っていて成果につながるものならば、意外なほど耳を傾けてくれます。

責任ある立場の人ほど、数字と感情の区別がつきます。

最終的に納得してもらうためには、論理にプラスして、感情的な面でも優れている必要があるのはたしかです。もちろん最終的にはそこを目指すべきですが、まず、**話に筋が通っていなければ、話自体を聞いてもらえない。スタートラインに立てない**のです。

情に訴えるには十年早い。
新人は筋の通った話ができなければ、スタートラインにすら立てない。

06

相手に理解してもらえるように話す

重要度
★★

難易度
★★

新人にとって、いかにロジカルに話すことが重要かは、おわかりいただけたと思います。ところが、わかっていてもなかなか相手に伝わるように論理を組み立てられない、という人がいます。PREPの型に合わせて、結論から話してはいるが、肝心の内容を理解してもらえない……。

今回、この本を書くにあたって多くのコンサルタントから経験談を聞きましたが、「相手に理解してもらえるように話すスキル」を、筆頭のスキルに挙げた方が何名もいらっしゃいました。そして、それを身につけるためにみな、新人時代に少なからず努力したといいます。

ここでは、先輩コンサルタントが苦労して身につけた、「相手に理解してもらえるコミュニケーションのコツ」をお伝えします。

まず、論理の組み立てを、「相手は何も知らない」という前提で考える

まず、話す前に、相手の方に伝わる論理の組み立てを考えます。

前述の奥井潤さんが教えてくれたのは、事前に、**あえて、そのテーマが全然わからない人に説明してみる**というものです。

たとえば、自分の家族を相手に、「こういうゴールがあって、こういうことを提案したくて、こういう筋道で説得したいんだけど、この流れで理解できるかな？」と説明してみるわけです。

相手は、もちろんそのテーマについてはまったくの素人ですから、細かいところにツッコミを入れてくるわけではありません。チェックしてもらいたいのは細かい議論ではなく、**全体の流れは理解しやすいか、筋は通っているか**です。

むしろ知識がない門外漢の人のほうが、細かい前提を知りすぎていない分、きちんとしたチェックをしてくれることも多いのです。

「なんで、そういうふうに言えるの？」

「だったら、こういうことを先に話したほうがいいかもね」

「こういうゴールなら、この話が先にきたほうが自然じゃない？」


人は案外、自分のことは自分でわからないものです。そのコンサルタントは、ときに家族から根本的な指摘を受けることもあったとのことでした。

知識がない人に説明して、理解してもらえるかどうか試す。

このように、家族などに話してみて気づくのは、自分たちにとっては常識だと思っていることでも、相手が同じことを知っているとはまったくもって限らない、ということです。

わたしの場合、これを理解して実践するのにとても苦労しました。ついつい、このくらいは相手も知っているだろう、こんな簡単なことを説明したら逆に怒られるのではないか、少し高度な話をしたほうが、相手も満足するのではないか、といった考えからどんどん小難しい話をしてしまっていました。

わたしがはじめて行ったロジカルシンキングのセミナーは、いま思い返しても散々なものでした。アンケートの感想は「まったくわからない」「もっとやさしく話してほしい」ばかり。そのお客さんから次の仕事の依頼はありませんでした。

これには、本当に落ち込みました。以来、「**相手はそのテーマについて何も知らない」という前提で話す**ことにしています。

勝手な思い込みは無用。
自分では常識と思っていることでも、相手は何も知らないという前提で、ゼロから話す。

つまり、ゼロから話す、ということです。ゼロから話すというのは、本当に「そもそも」のところから話すということです。

たとえば、学生にはおなじみの「プレエントリー」「エントリーシート」「GD」といった用語。ふだん学生同士で話していると、「そんなこと世の中の誰もが知っている」と思いがちですが、そうではありません。もしあなたが学生以外の人に就活について話すなら、「学生の就職活動は一般的に、プレエントリー、本エントリーとエントリーシート提出、筆記テスト、グループ選考、個別選考、最終選考、内々定といった8つのステップがあります」というように、相当基本的なところから話を始める必要があります。

相手の理解度を推し量りながら、話す

相手が何も知らないという前提で、話す内容を組み立ててきた！　準備は万端！　と思って話しはじめたものの、さて、本当に通じているのだろうか？　このまま話して、納得してもらえるのだろうか？　不安になるものです。

もし、途中で、話が通じていないと気づいたら、その場で言葉を補っていく必要があります。

ここで、もし相手が、その場で、「ここがわからない」などと指摘してくれたり、質問したりしてくれればいいのですが、日本人は、質問するのは失礼だと思っているのか、たとえわからなくても、面と向かってわからないとは言いません。実際、一見、理解しているように見えても、実のところまったく理解していないことのほうが多い、というのが実感です。

あるコンサルタントは、新人時代に、用意した資料を自分のペースでどんどん説明して、終わってみたら相手が何も言わなかったので、「理解してもらえた」と勘違いしてしまったといいます。

プレゼンや説明というのは、する側にとってはちゃんと資料をつくって準備したものですし、だからこそ、「筋も通っていて、何度もチェックした完璧な資料だから、きっと相手もすんなりと理解してくれるだろう」とつい思ってしまいがちで、その結果、一方的に自分のペースでどんどん喋ってしまうものです。

でも、聞き手はそれについていけずに、**何がわからないかもわからないまま「無言」になってしまう**ことが少なくありません。

もし、相手が無言でいたら、それは理解しているからではなく、理解していないサインだと思っておいて間違いないでしょう。

「無言は理解」ではなく、
「無言は無理解」のサイン。

相手の仕草を観察して、理解度を察知する

「無言」かどうか以外にも、相手の理解度を推し量る方法はあります。
まずは本当の基本のところから話してみて、相手の様子を見てみる。もしウンウンと頷いていているなら、もう少し先に進めるということです。相手が基礎的なことはわかっているようなら、そこを飛ばして先にいけばいい、ということになります。

相手の理解度を測るには、相手の仕草をひたすら観察することです。たとえば、相手が資料をめくるスピード。自分が1枚資料をめくって次に進もうとしたとき、まだ前のページをちらちら見ているということは、何か理解できていないことがあるということです。
一方で、ドンドン先のページをめくって読み進めているようなお客さまは、説明に退屈していて「要点を話してほしい」と思っているかもしれません。

また、こちらを見ようとせず、隣の人の顔を見るというのも理解していないシグナル。

資料を何ページも前にめくって確認するのも、同様です。

さらに、「だいたいわかりました」「およそわかりました」という返答は、まったく理解できていないというのと同義です。

一朝一夕にはいかないと思いますが、相手の理解度を示すようなシグナルを意識的に拾って、説明のペースを落としたり速めたり、わかりにくいところを再度説明したりと、臨機応変に行えるようになれば、あなたもプレゼンの上級者です。

理解していないシグナル

- **こちらが資料をめくって次に進んだのにまだ前の資料を見ている**
- **こちらを見ず、隣の人の顔を見ている**
- **「だいたいわかりました」「およそわかりました」などの曖昧な返事をする**

07

相手のフォーマットに合わせる

重要度
★

難易度
★★

相手に理解できるように伝えることが重要なのは、プレゼンなど「話す」場面だけではありません。提出する報告書や企画書などの文書も、相手に理解してもらえなければ、なんの意味もありません。さらには受け入れてもらえなければ、ビジネスとしては成功とはいえません。

伝える側が伝えたいことを「伝えた」と思っていても、相手に理解され、受け入れられなければ、伝わったことにはなりません。相手が本当に理解し、受け入れてくれてはじめて、「伝わった」といえるのです。

徹底的に相手の土俵に合わせた形で、伝える

先の項でもご紹介した奥井さんから聞いた究極の伝え方をご紹介しましょう。
それは、**徹底的に、相手の土俵に合わせる**というものです。

奥井さんは、調査レポートを書いていました。そのレポートは、単にクライアントに報告するだけではなく、そのクライアントが、それを自分で使って、他の部署の人にも説明するためのものでもありました。つまり、クライアントの社内文書も兼ねていたわけです。
そのとき、奥井さんは、クライアントが過去につくった資料を徹底的に読み込み、説明の順番や流れ、視点にいたるまで徹底的に洗い出し、そのクライアントの資料のつくり方の特徴を見つけ出しました。つまり、**クライアントの思考のパターンを学んだ**のです。そして、それに沿って、なるべくそっくりに資料をつくりました。

こだわりはこれだけではありません。見出しのつけ方や、使っているフォント、色使い

といったフォーマットもすべて相手のものに合わせました。

クライアントが、社内に説明している様子を思い浮かべて、ここはこういう順番で、こういうたとえを使って話すだろうな、というところまで想像したそうです。

最初にドラフト版を見せたとき、そのクライアントは
「よくここまで似てるね。コンサルタントは、そんなところまで見てくれているのか」

と、驚いたといいます。もちろん、内容もばっちり理解してくれたそうです。

究極の伝え方は、
徹底的に相手の土俵に合わせて伝えること。
相手の言葉、考え方、伝え方のクセを研究し、それに合わせて伝える。
文書は、相手の用いるフォーマットに合わせて、作成する。

相手に理解されて、はじめて「伝わる」。

そのためには、相手の言葉遣いや考え方までも理解して真似る姿勢が必要なときもあるのです。

社内用語、社外用語を明確にし、相手の使う言葉に合わせる

相手のフォーマットに合わせる、相手の土俵に合わせる、ということについては、相手の言葉に合わせるという点がかなり重要になってきます。

学生が社会人になって最初に知らなければならないことのひとつは、社内用語、業界用語だと思いますが、同じことが、商談の相手の会社を理解するうえでも必要になってきます。

なぜなら、**社内用語にこそ、その会社の独自の考え方が反映されている**からです。

入社一年目の人なら、まずは、自社の社内用語を理解する必要があります。と同時に、それが社外でも通用するものなのかどうかを知り、社内用語、社外用語をはっきりと区別するのです。それを意識することによって、あらためて、自分たちがどういう考え方をするのか、他人はどう考えるのか、ということを客観的に見ることができるようになります。

具体的にはまず、社内ではじめて聞くような言葉に出会ったら、必ず、

「それは、うちの社内での言葉ですか？　それとも一般にそう呼ぶのですか？」

と確認してください。

一般に使われている用語でも、その社内独特の意味で使っている場合もあるので注意が必要です。

たとえば、わたしが入社したコンサルティング会社では、コンサルティング・プロジェクトのことを、「ジョブ」と呼んでいました。「ジョブ」といったら、ふつうの意味では、仕事のことです。他社の人は、決してコンサルティングのプロジェクトのことだとは考えもしないでしょう。

これは完全にその会社独特の用語で、同じコンサルティング業界ですら通用しません。他社は単に「プロジェクト」とか「ケース」と呼ぶようです。

起業家を輩出することで有名な、とある会社も独特の言い回しをします。その会社は、**「カスタマーとクライアントの両方を顧客にする」**といった表現を使います。

カスタマーとは、一般の消費者のことをさしています。つまりお店でモノを買う消費者です。そしてクライアントとは、お店のこと。つまり消費者にモノを提供する企業のことをクライアントといって、一般消費者と区別し、そのうえで、その両方に価値を提供して収益を上げるのだ、といっているのです。

もし、あなたが、それらの会社と話をする場合は、「ジョブ」とか「カスタマー」、「クライアント」を相手がどのように使っているのかを知って、自分たちもそのように合わせて使えば、コミュニケーションはうまくいくでしょう。さらには、どうしてその2つを分けているのかということに考えが及べば、その会社の価値観も理解できるようになります。そのように徹底して相手の土俵に合わせ、相手のフォーマットに合わせて伝えるのです。

社内用語、社外用語を明確にし、相手の使う言葉に合わせる。

何が社内用語で、何が社外用語かがわからない場合は、グーグルで検索してみるのがいちばん早いでしょう。その用語が一般にはどのように使われているのかがすぐわかります。簡単に調べられるはずですので、すべて調べておくこと。基本を怠らないことです。

08

相手の期待値を把握する

重要度 ★★★

難易度 ★★★

この章の終盤として、少々高度なお話をしましょう。高度ではありますが、非常に重要なことなので、この章に入れました。

「ビジネスをするうえでいちばん大事なものは何か？」

こう問われたら、あなたはどう答えますか？

やりがいとかお金とか、そんな個人的なことを聞いているのではありません。

どうしたら、常に評価と信頼を得られて、次にも仕事がくるようになるのか？　ということです。

取材を通して、多くのコンサルタントにこの質問をしてみたところ、なんと全員の答えがずばり一致しました。ひょっとしたら、あまり聞き慣れないことかもしれませんが。

それは、「**相手の期待を超え続けること**」です。

相手の期待を超え続けることがビジネスの基本。
そのためにはまず、
相手の期待の中身を把握する必要がある

「**ビジネスというのは、突き詰めると、**
相手の期待を、常に超え続けていくことにほかならない。
顧客や消費者の期待を超え続けていくこと。上司の期待を超え続けていくこと」

これこそがビジネスにおけるいちばんの秘訣です。

具体的には、どういうことなのでしょうか？
あるコンサルタントの方の、新人時代の強烈な体験を通して説明しましょう。

「そんなこと、1ミリも頼んでない！」
彼は、コンサルタント一年目にマネジャーから激怒されました。その理由が、「ていねいな仕事をしてしまった」からだと聞いたら意味がわからないかもしれません。でも、怒られた。

どういうことでしょうか？

彼は、一年目で配属されたプロジェクトで、あるサービスの市場規模を算出することに取り組んでいました。

この仕事において、クライアントが最終的に知りたいことは単純で、そのサービスの市場規模の金額そのものでした。それを正確かつ合理的に算出するというのが、彼のミッションでした。

しかし、彼はサービス精神から、市場規模の数字以外にも、関係者に行ったヒアリングの議事録を書き直し、ていねいにファイリングして、正月を返上して自分なりに働きました。非常に前向きな努力です。しかし、正月を潰してつくったファイルをもって休み明けに会社に行ったところ、上司に言われたのが先ほどの言葉だった、というわけです。

「そんなこと、1ミリも頼んでない。それより、市場規模の算出を進めるように。きみがやっているのは単なる無駄。事実、正月休みだってなくなったじゃないか。そんなことして（過労で）倒れてしまっては元も子もないぞ」

彼はその考え方の違いに、ショックを受けたといいます。

たしかに、クライアントの求めているのは、市場規模を出すことでした。数字の精度を上げる方向の努力なら喜ばれもするでしょうが、本筋と関係ないおまけをくっ付けたところで、クライアントからしたら、どうでもいいこと。クライアントの立場に立ってちょっと考えてみれば、わかることです。

求められていないことに時間を使っても、クライアントからも上司からも評価はされないのです。

まずは、相手が何を期待しているのかを正確に把握する。

相手が期待する中身がわかったら、それを絶対に外さない。そして、相手の期待値以上の成果を出す。常に出し続ける

コンサルタントというのは、基本的にはサービス業です。その基本は、相手のニーズを聞いて、それに応えていくことにあります。ですから、クライアントが何を求めているのかを把握することが、まず、何よりも大事です。

そして、**求められている中身がわかったら、次は、そのレベルにおいて、何がなんでも、相手の期待以上の成果を出す。**これが、ビジネスのすべてです。

先ほどの例で言えば、「市場規模の数字を出すこと」がクライアントにもっとも求められていることでした。それ以外に関しては、さほど期待されていません。では、このなかで、どうやったら、「相手の期待を超え」、相手の満足を得られるのでしょうか？

市場規模の数字に関して**１００％の答えを出すこと。これが最低ライン**です。

もしここが90％の出来なら、その仕事は、失敗です。**いくらおまけを付けて取り繕っても、全体の評価は決してよくなりません。**

逆に、そこさえちゃんと100％の答えをもっていけば、極論を言えばほかのことはゼロでも構いません。相手は期待していないのですから。

相手が何を、どのレベルまで期待しているかを見極め、絶対に外さない。
そして、相手の期待値のちょっと上を常に達成していく。

「相手のニーズ、つまり、それぞれにどういう成果のクオリティを求めているのかをきめ細かく把握すること。そして、ビジネスというのは、その期待値のちょっと上を常に達成していくこと」

「相手の期待値がどこにあるのかを見極めて、絶対に外さない。そこだけは、相手の期待を上回る120％のものをもっていく」

多くのコンサルタントが語るビジネスの秘訣、それはつまり、**相手の期待値を測り、いちばん重要な部分で期待を超えていく**ことです。

期待値を満たせないものは、安請け合いしない

相手の期待がどこにあるのか、どの程度までのものであるかを把握するためには、そのためのコミュニケーションが重要になってきます。

一方で、ときには、相手の期待値そのものをマネジメントする必要がでてきます。

つまり、期待値を下げてもらうのです。

ときには、相手の期待値を下げる、期待値のマネジメントも必要。

たとえば、相手がすべてにおいて100%を期待しているような場合。自社のリソースをはるかに超えるものを、実現不可能な期日とコストで求められるような場合。

こうしたとき、決して安請け合いしてしまってはいけません。常に、相手の期待値のちょっと上をいくことがビジネスの基本である以上、どんなに努力したところで、相手の期待値が絶対に超えられない、とあらかじめわかっている案件は受けるべきではありません。

そういう場合は、本質的でない部分については期待値を下げてもらうように、事前にコミュニケーションをとっておくことも必要です。これが、期待値のマネジメントです。

09

上司の期待値を超える

重要度
★★

難易度
★★

前節で、期待値を把握するという話をしました。重要な点を復習しておきます。

「ビジネスというのは、突き詰めると、相手の期待を、常に超え続けていくことにほかならない。顧客や消費者の期待を超え続けていくこと。上司の期待を超え続けていくこと」

このうち、若い人、特に一年目にとっては、最後の「上司の期待を超え続けていくこと」が重要になってくるかもしれません。言われたことを言われたように100%できて当然（それすらできない人が現実にはほとんどなのですが）。そこを少しでも超えていくように日々努力することで、ビジネスパーソンとしての成長は驚くほど早まります。

そこで、この章の最後に、上司の期待を超え続けるための、仕事の基本中の基本についてて、お話ししましょう。

報連相の基本は、その前提として、上司からの仕事の指示の内容を明確に把握すること

多くの会社で、新人が最初に言われることのひとつに、「報連相」というのがあると思います。「報告・連絡・相談」の略です。

この報連相については、賛否両論があります。「報連相はビジネスの基本であり、しっかり行うべき」と考える人もいれば、「報連相を行ってもビジネスの成果にはつながらない」としてとりやめている会社もあります。

わたしの考えでは、単なる情報共有のためだけの報連相は無駄です。なんでも報連相したところで、上司も煩わしいだけです。

報連相の本当の目的は、**上司と部下が仕事の目的と内容について、「共通の理解を得る」こと**です。

そこで、ここでは、報連相の背景となるそもそもの基本として、仕事を受けるとき、いったい何を上司に確認すればいいのかのポイントについて挙げておきます。

部下が上司から仕事を受けるときに確認すべきポイントは、次の4つです。

①その仕事の背景や目的
②具体的な仕事の成果イメージ
③クオリティ
④優先順位・緊急度

この4点をしっかり確認すれば、上司の期待値を把握したことになり、どのようにすれば上司の期待に沿う仕事ができるかが明確になります。

順に説明していきましょう。

その仕事の背景と目的を確認する

まず、その仕事にある背景や目的について、あらためて確認します。たとえ単発の仕事の依頼であっても、きちんと確認してください。上司のなかには、面倒なのでいちいち言葉にするのを避ける人もいるかもしれませんが、確認しておいたほうが、あとあとズレがなくなります。

たとえば調べものの依頼の場合、調べたけれどずばり見つけたいものが見当たらない場合も想定されます。そんなときも、もしも目的や背景を事前に聞いていれば、その目的を満たすような別の調査結果や事例を提示できるかもしれません。

期待される成果物のイメージを明確にする

多くの仕事の指示は曖昧です。だからこそ、上司が求めているものが何なのか、成果物

のイメージレベルまできっちり聞き出しておくことができれば、それだけで仕事は成功に近づきます。たとえば、

「A社の新サービスだけれども、まずはざっくり調べておいて」

といった指示があったとしましょう。かなり曖昧な指示です。これに対して、

「はい、ざっくりやっておきます」

と答えるのは最悪です。「ざっくり」のレベル感が合わなかったら、おそらく、あとで怒られるうえに、作業に後戻りも発生してしまいます。

かといって、

「ざっくりってなんですか？　もっと指示を明確にしてもらわないとできません」

というのも、これもまた最悪です。単なる受け身で、問題解決の力がない人だと思われてしまうでしょう。

相手の指示の曖昧な部分を補い、こういうことではないかという自分なりの仮説を立ててコミュニケーションをとる、これが正解です。

たとえば、

「ざっくりというのは、わたしなりに、①おもなターゲット、②サービスの特徴と競合と

の差別化要因、③価格体系、④提供体制、その4つくらいだと思っていますが、それぞれ資料1枚、合計5枚ぐらいでまとめればいいでしょうか」

といった具合です。

それぞれ資料「1枚」、表紙も含めて、計「5枚」のように、数字で示すことも重要です。成果がイメージできるよいコミュニケーションとなります。

相手が求めるクオリティ（期待値）を、質問によって推し量る

「クオリティ」は、期待値にもっとも関係してくる部分です。

相手は、どのくらいのクオリティのものを求めているのか？

先ほどのコミュニケーションでは、それぞれの点について、資料1枚と言っています。資料1枚というのは、本当にざっくりとした概要を伝えるといったレベルです。

ここで上司が、「いや、それぞれ3、4枚にはなるんじゃないか」と答えたとしたら、ざっくりと言いながらも、それなりに細部までしっかり調べてくることを期待していることがわかります。

項目数を尋ねてみるのもいいでしょう。4つでいいのか、それとも10項目にわたって、詳細に調べるのか。それによって、相手が求めるレベルがわかります。

さらに、資料の作成目的によっても、レベル感は推し量られます。顧客に提出する資料などに盛り込むような正確さが要求されるものなのか、それとも社内会議のための資料なのか、はたまた、上司の頭の中に参考としてインプットするためのものなのか。それぞれで達成すべきクオリティのレベルは違います。

スピード感についても、時間をかけても100％正確につくるべきものなのか、それとも、明日の会議で使うから期限のほうが大事なのか、そこからも期待されるレベル感がわかります。

3日の100点を求めているのか、3時間の60点を求めているのか。事前にしっかり確認しなければ、上司の期待を満たすことはできません。

そうして**期待値を把握したうえで、その期待以上の成果物をもっていく**のです。期限を優先している場合は、当然何があっても、時間厳守です。

優先順位と緊急度を把握する

いま、最後にお話ししたスピード感、すなわち、優先順位、緊急度を把握することは、相手の期待に沿うという意味で、とても大事なことです。

たとえば、緊急度が高く、絶対に明日までにほしい資料があったとします。そういう場合は、間に合うことがもっとも大事なことです。その場合、締め切りをすぎて100％の完成度の資料をもっていっても、なんの役にも立ちません。

いつまでに必要なのか。1日か、3日か、1週間か。それとも、手が空いたらできればやってほしいくらいなのか。

また、その締め切りは絶対なのか、もし締め切りを過ぎたら用をなさなくなるものなのか。それとも締め切りは、あくまで完了してほしい目安を意味しているのか。

さらには、別に命じられている仕事や自分のルーティンの仕事がある場合、どちらを優先させるべきかを確認することも重要でしょう。特に、命令系統が複数にまたがっていて、別の人からも緊急の要件を依頼されている場合など、自分では判断できませんから、上司同士で話し合ってもらう必要が出てきます。

そういう場合の優先度は、**新人の場合、自分で判断しないことが重要**です。

指示を出す側、受ける側双方が、共通認識をもち、期待値を明確にする

以上の4つの項目を確認し、曖昧な部分があれば、お互いに明確にし、共通の認識をもつこと。これが、期待値を把握するということであり、別の言い方をすれば期待値を「マネジメントする」ということです。

これは、部下の側だけではなく、仕事を依頼する上司の側から見ても重要です。部下が時間をかけて仕事をした結果、役に立たないものをもってくる、そんなリスクを避けるためにも、この4項目をふまえた明快な指示を出してください。

新人のときから上司との間でこれができるように経験を積んでいけば、社外の人を相手にしたときも、同じようにできるようになります。ただし、クライアントは、上司とは

違って、いちいち明確には言ってくれない、もしくはそもそも明確になっていないこともあります。こちらからコミュニケーションをリードして、確認をとる必要があります。

この「期待値のマネジメント」は、コンサルタントや営業職だけに求められる能力のように聞こえるかもしれませんが、技術サービス、カスタマーサービスといった直接顧客と接する仕事はもちろんのこと、総務・経理・秘書・アシスタントなど、社内向けの部署に勤めるすべての人にとって重要な基本です。

すべての仕事には、なんらかの相手が存在します。その相手の期待値を把握して、それに常に応えて、ときに上回るようにしていくこと。

これによって、あなたの評価は着実に高まります。そして、期待値が把握できれば、無駄な労力をかけずに相手が満足する仕事ができるようになりますので、結果的に仕事の効率も上がっていきます。

指示を受ける側も、出す側も次の4つのポイントを明確にする。

①その仕事の背景や目的
②具体的な仕事の成果イメージ
③クオリティ
④優先順位・緊急度

第2章

コンサル流思考術

10

「考え方を考える」という考え方

重要度
★★

難易度
★★

「考え方を考える」ことは、仕事の進め方の基本です。

つまり、いきなり作業に入るのではなく、どのように進めたら求めている答えに行き着くことができるのかという**「アプローチ」「考え方」「段取り」の部分を最初に考える。**

一見遠回りに見えますが、このステップを踏むことで、より効率的に仕事を進めることができます。

わたし自身、コンサルタントになる前から、日常生活の中でそういった段取りを考えたことはあったのですが、あくまでなんとなく考えるだけでした。それを紙に書いたり、他人に説明したりすることがはじめて求められたのは、わたしが最初のプロジェクトに配属されて、最初の仕事をしたときです。

つまり、わたしが最初にコンサルティング会社で学んだことが、この「考え方を考える」ということだったのです。

作業を始める前に、手順を考える。その段階で合意を得る

わたしが配属されたのは、ある学校法人（大学）の実行支援プロジェクトでした。どうやって生徒を集めるかというマーケティングのプロジェクトだったのですが、すでにプランニングは終わり、次は具体的に行動に移すための支援をするという段階でした。

新人の本当に最初の仕事だったので、トレーニングを兼ねてか、簡単な資料づくりを任されました。高校の訪問スケジュールをつくるというものでした。

具体的に決まっていたのは、その大学に進学してもらえるよう、「ターゲットとなる100校以上の高校を訪問する」ということです。その訪問スケジュールをつくることが、わたしの初仕事だったわけです。

さて、「わかりました！」と安請け合いしたわたしは、とにかくスケジュールをつくりはじめました。地図やら高校のリストやらを集め、電車の時刻表などを調べようと思って

いたところ、そもそも、車で行くのか電車で行くのかを確認していなかったことに気づきました。

マネージャーに聞きに行ったところ、言われたのです。

「大石さん、ダメですね。**いきなり作業に入らないで、まずは考え方を考えてください**」

いきなり作業に入らないというのはどういうことだろう？

考え方を考える？

ちんぷんかんぷんでしたが、なにかまずい雰囲気だということだけはわかりました。そこで、素直に尋ねました。

「すみません、わたしには意味がわかりません」

マネジャーは、やさしく「考え方を考える」ことの意味を教えてくれました。

考え方を考えるとは、別の言い方をすると、**どのように考えたら答えが出るのか、その道筋をまず考える、**ということです。

つまり、**まずはアプローチ方法を考案して、それから行動に移す。**

いま考えるとごく当たり前のことですが、そのときはまさに目からウロコでした。

先ほどの高校訪問のスケジュール作成の例でいえば、どのような手順でそれをつくったら抜け漏れなく、納得のいくスケジュールができるのか、その手順をまずは示す必要がありました。

つまり、**最終の成果物を見せて相手に納得してもらう前に、手順の段階でも合意をもらう**ということです。

仕事にとりかかる前に、まずどう考えたら答えが出るのか、その道筋を考える。そのアプローチ方法でいいのか、手順の段階で合意をとってから、作業に入る。

建築でいえば、建てはじめる前に、手順も含めた詳細な設計図と工程表を提示します。そこで施主の合意を得てはじめて着工するわけです。

建築の場合、建てはじめてからの設計変更は難しく、原則として後戻りはできません。

それに比べると、高校訪問のスケジュールは多少の後戻りがあってもだいじょうぶなタイプの資料かもしれませんが、トレーニングとして、こういうものであってもはじめに作業の設計をして手順の確認をとりなさい、ということを教えてくれたのでしょう。

訪問スケジュールのアプローチ方法は、具体的には次のような感じになります。

・ターゲット高校がどのエリアにあるのか、概数をリサーチする
・エリア別に分類し、一日あたりの訪問可能数で割ってみる
・必要な訪問日数を算出する
・その日程を大学側が用意できるのかどうかを討議する（ミーティング）
・ＯＫなら問題なし。ＮＧなら、さらに訪問の優先順位をつける
・詳細をつくって、日程表に落とす

まず、こうした作業設計書をつくり、マネジャーにＯＫをもらいました。
たしかにこれなら効率よく、かつ、後戻りなくスケジュールが作成できそうです。

まず大きな設計図を描いて、そのあとに細部に落とす、というコンサルの思考法を、このときあらためて実感しました。スケジュール作成という一見簡単な仕事でしたが、考え方の訓練という意味では、とても勉強になりました。

どの要素をどう分析すると、答えにたどり着くかの手順を示す

コンサルティング会社の仕事は、まずクライアントにどんな成果をもたらすことができるのか、という提案書をつくることからはじまります。あるとき、わたしもこの提案書作成を手伝うことになりました。

コンサルティングというのは、やってみないと何が出てくるかわからないサービスの最たるものです。最終報告書がどういうものになるのかは、提案の時点では、まるでわかりません。

それなのに、いったいどうすればコンサルティングを依頼する企業に、お金を出そう、と決めてもらえるのか。それが不思議でした。

実はこの提案書こそが、「考え方を考える」という作業そのものでした。コンサルティングの提案書は、具体的な内容には踏み込まず、プロジェクトをどのような方法で進めるかだけを示したものだったのです。

つまり、**こういう考え方を使ってこれらの要素を調べていったら、その問題が解決できる、**という手順です。

具体例で示しましょう。たとえば、先ほどの「生徒を募集するためのマーケティング」という提案書。およそ、次のようなことが書かれています。

①まずはマーケティング活動の目的とゴールを確認して合意しましょう。
②次に、大学出願動向を調べます。具体的には、全国をエリアと偏差値に分け、どの生徒がどこからやって来ていて、結果はどうなのかを分析します。
③貴学の出願者と合格者についても同様の分析をします。
貴学出願者の出身エリアと合格者・入学率を分析し同偏差値の競合大学と比較します。
④全国の動向、競合の動向、貴学の動向の3つから、
貴学の入学が減少している本当の原因を突き止めます。

そのうえで、報告会を開き、今後の方針を検討します。（中間報告）
⑤今後ターゲットとすべきエリアや高校を決めます。
⑥以上を2ヶ月半で行います。費用は○○○。

これを読むと、なるほど、そういう手順を踏んで、そういう分析をしたら、たしかになんらかの有意義な結論が出そうだという気になります。そこで、では、そういう手順で、そういう検討をしてほしい、という合意をとるのです。これがコンサルティングの受注にあたります。実際の作業やリサーチをするのは、受注したあとです。

こういうやり方をとるメリットは次の3点です。

①作業の全体像が見えるので、完成までの道筋がわかり、安心感が生まれる。
②関係者同士で手順やアプローチ方法を合意しておくことで、やっぱりこっちをやってくれというあと出しの要求やどんでん返しがなくなる。
③事前に、作業の難易度や作業量の見積もりができる。

実際に、作業手順を考えてみよう

ではここで、練習問題をやってみましょう。作業手順を考える訓練です。

課題「**3人で海外旅行に行くとします。どういうアプローチで旅行先を決めますか？どういう手順で検討したら、スムーズに決まると思いますか？**」

たとえば、わたしなりに簡単に考えてみたアプローチは次のようなものです。

①まず、休みがとれる日程をすり合わせる。休暇をとれる日数、日程の合意をとる。
②次に、どこに行くかを決める。休暇日数内で、行くことができそうな国を10個挙げて、それぞれの国で何ができるか、簡単にリサーチする。
③観光・グルメ・アクティビティ・費用の4つの視点から評価する表をつくり、3人で評価会を行う。

④いちばん評価のよい国に行くことを3人の合意とする。

これは、日程→行き先→内容というアプローチです。もちろん、逆に、やりたいこと、食べたいもの、見たいものを優先するアプローチもあります。しかしそれを混同して議論してしまうと何も決まりません。

つまり、「どちらを優先して決めるのか」という考え方自体を最初に示して、その手順についてみんなに納得してもらう必要があるのです。最初に、手順についての合意を得ておけば、作業の後戻りもないし、どんでん返しも起こらないはずです。

仕事は、次の順番で進める。

1 大きな設計図を示し、手順についての合意を得る

2 手順に基づいて、細部の作業を進める

11 ロジックツリーを使いこなす

重要度 ★★★
難易度 ★★

ロジックツリーを使いこなす4つの意義

コンサルティング会社に入って学べるものの筆頭といえば、**ロジックツリー、構造化、問題解決手法といった、一連のロジカルシンキングや問題解決の手順**です。

このスキルを身につけたいと思っている人も多いと思いますが、そもそも、なぜこれらのスキルを学ぶ意義があるのでしょうか？

コンサルタント出身者の意見を総合すると、次の4点が浮かび上がってきました。

①一生使える

ロジックツリーや問題解決手法は、時代に左右されないもっとも基礎的なスキルです。そして、**一度覚えてしまえば一生使えます。繰り返し役に立ち、応用することができます。**

わたしが新卒で入社してからすでに15年がたっていますが、そのときに書かれた本は、いまも古くなっていません。さらにいえば、大前研一さんや堀紘一さんが新人だった、さらに15年~20年前も、コンサルティングは同じ手法を使って行われていました。

つまり、すでに30年~35年間、基本的な方法論は、まったく変わっていないことが証明されています。いまでも問題解決手法といえばロジックツリーですし、それは今後も変わらないでしょう。

②全体が俯瞰できるようになる

ロジックツリーが描けるようになると、問題の全体像が見えるようになります。

多くの人は、話を構造化できずに、思いつきでバラバラと議論してしまいがちですが、ロジックツリーが描けるようになると、**それぞれの話が、全体の中でどういう位置づけなのかが頭の中で視覚化されます。**

その結果、何が大事な話で、何が瑣末な話なのかの区別がつくようになります。全体像からいって、本当に重要な話は何なのか、という判断ができるようになるのです。

ロジックツリーのそれぞれの分岐は同じ重要度ではなく、ある分岐には60%のウエイトがあり、他の分岐は10%だったり5%だったりします。ロジックツリーに慣れてくると、その60%なりのウエイトがある、もっとも大事な幹はどれであるかが見極められるようになります。

この重要度の判断ができるようになると、次の2点ができるようになります。

③捨てる能力が身につく

重要度が判断できるようになってくると、いらない部分を捨てて、自信をもって**重要な部分にだけフォーカスして時間を使うことができます**。重要な部分だけをやって、あとは捨てる。捨てることができると、非常に効率的に、速いスピードで仕事が進められます。

多くの人が捨てることができないのは、捨てる勇気がないのではなく、単に何を捨てていいのかの重要度がわからないからです。どれも大事な気がして、捨てる判断がつかない。だから捨てられない。

捨てるためには**ロジックツリーを使い、全体像を描き、幹の部分と枝葉の部分を区別で**

きるようになることが必要です。

④意思決定のスピードが上がる

重要度の判断ができ、捨てることができれば、結果的に意思決定のスピードが飛躍的に上がります。ひとつの事案を何日も検討することなく、一瞬で物事が判断できるようになるからです。そして、その判断も的確なものになるため、仕事全体の質が上がります。

ロジックツリーが役立つ4つの理由

1　一生使える
2　全体が俯瞰できるようになる
3　捨てる能力が身につく
4　意思決定のスピードが上がる

ロジックツリーの基本は、コンサルティング会社に入らなくても身につけられる

わたしがロジックツリーの考え方にはじめて触れたのは、学生時代でした。**大前研一氏の『企業参謀』**という本で知ったこの考え方に惹かれ、関連する本を読み漁りました。

特に、現在でも古典として読み継がれている『**問題解決プロフェッショナル「思考と技術」**』（齋藤嘉則）はロジックツリーと問題解決のバイブルで、わたしは繰り返しこの本を読んでは練習をしました。そのおかげもあってか、幸いなことに、コンサルティング・ファームに入社することができました。感謝しています。

コンサルティング会社に入れば、何か特別な方法論を学ぶことができるのではないか？と期待している人も多いと思います。コンサル一年目で受けられるような研修を自分も受けることができれば……そう思っている人もいるかもしれません。まさに本書は、そのためにあるものなのですが、実際、**コンサルティング会社に入らなくても、その方法論を学ぶことはできます。**

というのも、コンサルティング会社で最初に受けた研修も、先ほどの『問題解決プロフェッショナル「思考と技術」』と同じ内容だったからです。

英語で、Issue Based Problem Solvingという名前がついていましたが、名前こそ違えど、『問題解決プロフェッショナル』の本で書かれていた方法論そのままでした。

それ以降も、コンサルティングの現場に投入されて、プロジェクトをこなしましたが、実際のところ、この『問題解決プロフェッショナル』以上の方法論は使いませんでした。

つまり、結局のところ、**コンサルタントの問題解決に、何かすごい裏ワザテクニックはありません。**とても基礎的な方法論を応用しているにすぎないということです。

ロジックツリーによる問題解決はいろいろな本で説明されていますので、ここでは、簡単にエッセンスだけ紹介します。端的に言うと、こういうことです。

大きくて複雑な問題でも、ロジックツリーを使って小さな問題に分解することで、それぞれの論点について議論ができる。
それぞれの論点を分析することで、全体の答えを出すことができる。

漏れなく、ダブりなく、論点を洗い出す

それでは『問題解決プロフェッショナル』に書かれている「痩せるには？」という例題を引用しながら、さらに説明しましょう。

痩せるにはどうすればいいいか？　とは単純な問題ですが、解決案はいろいろあります。

・サプリを飲む
・運動する
・ジムに通う
・糖質を制限する

いろいろな案がありますが、それを並べる前に、問題をもっと整理して、論点を絞る必要がありそうです。

「問題解決プロフェッショナル」では、次のように論点を整理しています。

●「痩せる」をロジックツリーで分解する

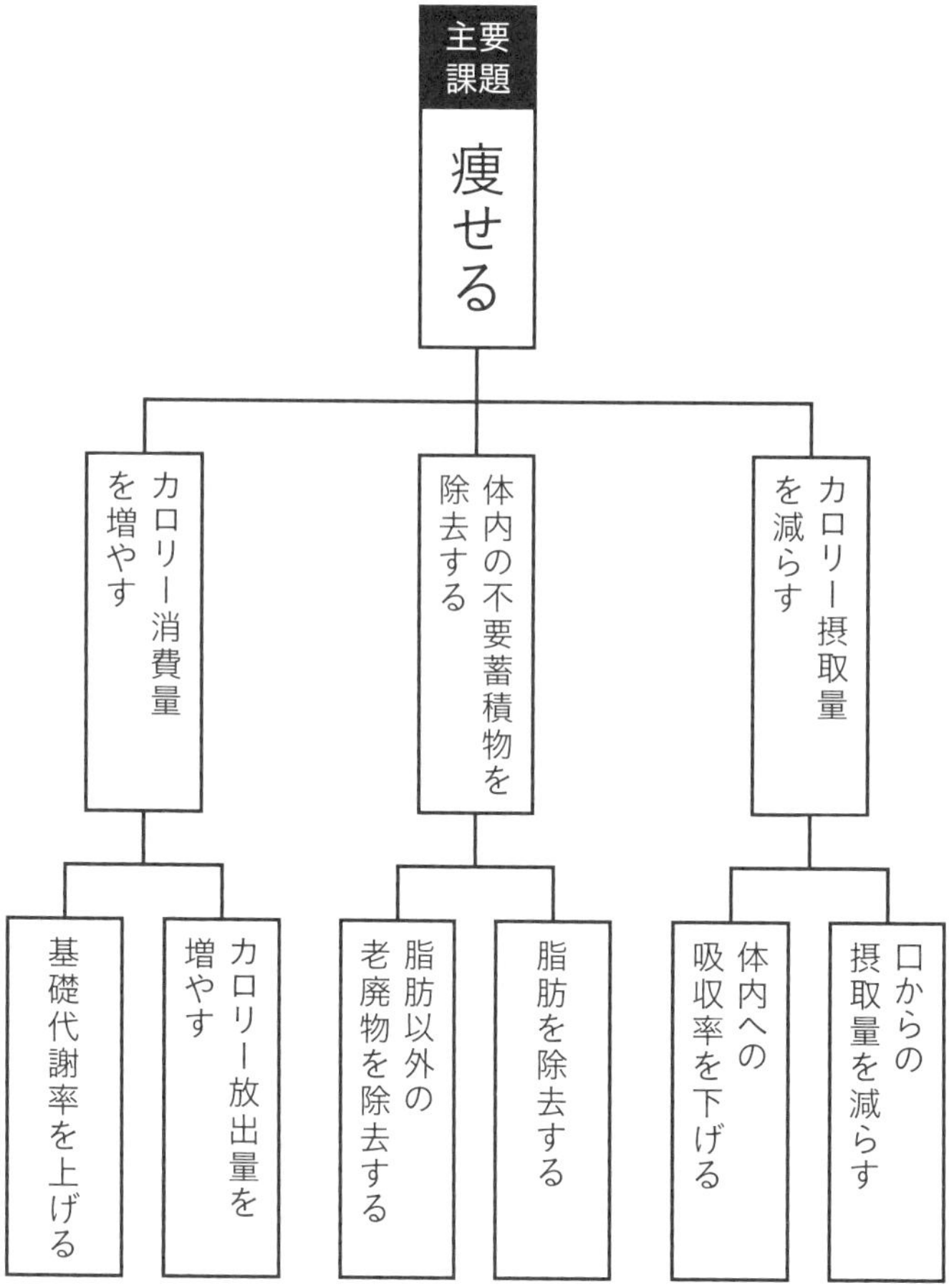

出典:『問題解決プロフェッショナル「思考と技術」』齋藤嘉則 著
(ダイヤモンド社) P.93

痩せるには？　という論点をツリー上に分解していき、漏れなく、ダブりなく、論点を洗い出しているのです。

この例では、分解の結果、６つの論点に分解されています。

・口からの摂取量を減らす
・体内への吸収率を下げる
・脂肪を除去する
・脂肪以外の老廃物を除去する
・カロリー放出量を増やす
・基礎代謝率を上げる

先ほどの解決案で言うと、ジムに通うというのは、「カロリー放出量を増やす」と「(筋トレにより) 基礎代謝率を上げる」ですし、サプリメントは「体内への吸収率を下げる」にあたります。このように**整理したあと、それぞれの論点について、数値分析**を加えます。「基礎代謝率を上げる」という論点については、たとえば、年齢別の基礎代謝率の平均値を調べて、対象人物の代謝率と比べ向上余地が何％あるのかを調べる。あるいはその人物の筋肉量を調べて、トレーニングで増やすことのできる筋肉量と、トレーニングの時間投入量のようなものをグラフにしてみる、といった形での分析が可能です。

その結果を受けて、「**これが、痩せるためにもっとも重要でインパクトがある**」と思われるものを、アクション案に落とし込んでいきます。

どの課題でも手順は同じで、まずロジックツリーなどで**論点を整理・分解**し、それぞれの論点について**数値分析**を行い、最後に項目ごとの**重みづけ**をして、大事なものを**アクション**に落とす。コンサルティングの過程では、これらを精緻に行っています。

ロジックツリーによる問題解決の基本

1　論点を整理・分解する
2　各論点について数値分析をする
3　項目の重みづけをする
4　アクションに落とし込む

もちろん、うまく使いこなすためにはトレーニングが必要ですが、手はじめに基本から勉強したいのなら、まずは本でそのエッセンスが学べます。次に参考図書を挙げますので、まずは勉強してみてください。

〈**参考図書**〉
『企業参謀』『続・企業参謀』大前研一（ともに講談社）
『問題解決プロフェッショナル「思考と技術」』齋藤嘉則（ダイヤモンド社）
『世界一やさしい問題解決の授業』渡辺健介（ダイヤモンド社）
『3分でわかる問題解決の基本』大石哲之（日本実業出版社）
『イシューからはじめよ—知的生産の「シンプルな本質」』安宅和人（英治出版）
『自分のアタマでかんがえよう』ちきりん（ダイヤモンド社）

ロジックツリーを使いこなせるように鍛えるには？

実際にロジックツリーを身につけるためにはどんなことができるでしょうか？　現在は

事業開発コンサルタントとして、またソプラノ歌手としても活躍する、秋山ゆかりさんが新人時代に行ったユニークな方法をご紹介しましょう。

それは、毎朝、通勤電車の中で、とにかく目に入るものすべてを使って、ロジックツリーを立てるというものでした。

たとえば、周りの人が読んでいるスポーツ新聞で、「ヤクルト、首位に踊り出る」という見出しが目に入ったとしましょう。そこから「ヤクルトが強くなった理由は何か？」という問いを立て、ロジックツリーを使って仮説をつくる訓練をするのです。

中吊りの広告の見出しも同じように活用できます。見出しには、詳細は書かれていません。ですから、「年100万円を貯める」などの見出しが目に入れば、すぐに「どうやったら、最速で年100万円貯められるのか？」という課題をつくることができます。

「女子アスリートの苦悩」といった話題でも、「女子アスリートがなぜ日本で苦労するのか？」「もっと人数が増えて、活躍するにはどうすればいいのか？」という課題について考えられます。

これらを、通勤電車に乗っている12分で考えるのです。毎日電車に乗り込むと、最初に目にしたものを題材に課題を考え、手には小さなメモ帳をもって、それに書き留めていく。秋山さんは、2年間、毎日これを続けました。

当然最初のうちは、ひとつも満足のいくロジックツリーをつくることができませんでした。しかし半年もやっていると徐々にできるようになり、それ以降は、問いを立てた瞬間に、ロジックツリーの方向性が見えてくるようになってきたといいます。

よいロジックツリーをつくるためには フィードバックが必要

わたしはロジカルシンキングの本も書いているので、こういうことを言うのは憚《はばか》られますが、読者のみなさんのために、最後に、正直に書いておこうと思います。

課題を漏れなく、ダブりなく分解したり、意味のあるロジックツリーをつくるには、適切な指導者が必要です。勉強会などで、若手社会人同士でロジックツリーのトレーニングをし合っている場面を見ることがありますが、あまり成果が上がっているようには見えません。

　この手のトレーニングの問題点は、**ロジックをつくっている張本人は、自分で間違いに気づくことができない**ことです。結局、ツリーの問題点や論理のミスは、すでにそれができるようになっている人が指摘してあげないと、何がどう間違っているのかがわかりません。

「ロジックツリーをつくる練習をする際の問題点」を、ロジックツリーを使って論理的に整理してみると、「**自分一人でのトレーニングには限界がある**」というところがもっともクリティカル（重大）な論点になってしまうのです。これは、大きな矛盾です。

　その点、コンサルティング会社では毎日の仕事の中でロジックが間違っていればすぐさま直されます。毎日、ロジックツリーを描いては直され、怒られる日々。ですから、新人コンサルタントも、これらを身につけることができました。

　電車の中でトレーニングをしていた秋山さんも、決して自分だけで行っていたわけではなく、先輩コンサルタントに見てもらい、フィードバックを受けていました。

　フィードバックのないまま、ロジックツリーづくりを上達させるのは難しいことです。しかし、ふつうの会社のなかには、ロジックツリーがすらすらとつくれて、的確な指導をしてくれる人はまず見当たりません。ですから、指導ができる先達に囲まれていたという意味では、コンサルティング会社で働いたことには、価値があったと思います。

ただ、それも昔の話です。幸いにして、時代は変わっています。なにもコンサルティング会社に入らなくても、こうしたトレーニングを提供するスクールは数多く存在するでしょう。

この部分に関しては、**自己流でやるよりは、早い段階でスクールに通う**などして、先達の指導を受けたほうがいいと思います。

ロジカルシンキングやロジックツリーは、誰もが身につけられるスキルです。適切な指導と、繰り返しのトレーニングを通じて、あきらめず、地道に、がんばってほしいと思います。

課題を漏れなく、ダブりなく分解したり、意味のあるロジックツリーをつくったりするには、適切な指導者が必要。他者からのフィードバックが欠かせない。

12

雲雨傘提案の基本

重要度 ★★

難易度 ★

コンサルタント一年目で学んだことのなかで、とりわけわかりやすく、すっと頭に入ってきたことのひとつに、**雲雨傘の論理**があります。

「黒っぽい雲がでてきたので、雨が降り出しそうだから、傘を持っていったほうがいい」

これは、事実と、解釈と、アクションの区別をつけることのたとえです。

いったいどういう意味でしょうか？

事実、解釈、アクションを区別する

雲というのは、「**事実**」をさします。実際に目で見て観測したこと。雲が出ているということは、誰が見てもわかる客観的な事実です。

雨が降りそうだというのは、その事実から推測される「**解釈**」です。雲が黒いという事実から、雨になるだろう、という解釈を引き出しているのです。

最後は、傘です。雨が降り出しそうだ、という解釈から、傘をもっていくという「**アクション**」を起こしています。

もう一度整理すると、次のようになります。

（事実）「空を見てみると、雲が出ている」
（解釈）「曇っているから、雨が降りそうだ」
（アクション）「雨が降りそうだから、傘をもっていく」

ここで大切なのは、**①事実②解釈③アクションの３つをきちんと区別する**ことです。

これを混同したり、一部を省略して結論づけたりしてしまうと、筋が通らない話になってしまいます。よくある失敗例をご紹介しましょう。

失敗① 「雲」だけで提出してしまう

入社一年目で必ずやってしまう失敗は、上司に調べものを依頼されたときに、データのグラフや事例の記事だけを上司のところにもっていって、「できました！」と報告してしまうことです。依頼されたテーマに関連しそうなデータや、記事をコピペしてきて、それをレポートと称して上司に出してしまうのです。

新聞や雑誌の記事からたくさん情報を集めて、報告に行く。褒められるかと思っていたら、死ぬほど怒鳴られます。

「なんだこれは！　これをどうしろというんだ。俺がこの記事を全部読めというのか？」

上司の言うことはもっともです。

ここで新人が怒られた理由、それは**自分なりの解釈がなかった**ことです。雲雨傘の例でいうと、雲（データや観察事項に相当するもの）を単に提示しただけ。実に不親切です。

単にデータや記事を渡すだけではなく、そこから何が言えるのかをセットでもっていかなくては、意味のある報告にはなりません。

たとえば、あなたが医者にかかり、血液検査をしたとします。そして1週間後、検査の結果が告げられました。

アラニントランスアミナーゼ、ヘマトクリット値、GGT……、わけのわからない項目と数字を見ながら、医者はあなたにこう言います。

「はい、血液検査結果です。これを見て、どうぞ考えてください」

あなたは憤慨して、きっとこう言うに違いありません。

「え？　わたしには解釈なんてできません。この数字を解釈するのが医師の仕事では？　そして、悪いところがあるのなら、薬をください！」

まさに事実だけのレポートを提出する新人は、この医師と同じです。

病気なのか、健康なのか。何に注意したらいいのか。問題があったとして、それは重大なことなのか、些細なことなのか。

ほしいのは、「**だから何なのか？**」という**解釈**です。

そして、必要に応じて、薬を処方するといったアクションをとってもらいたい。それを抜きにして、検査結果だけ渡されても患者は困惑するだけです。

ビジネスも同様です。解釈のないグラフをいくらたくさんつくっても、関係ありそうな記事をいくらたくさん集めても、だから何なのか？　という解釈がないと、問題を解決するための役には立ちません。

事実（＝雲）だけでは報告とはいえない。
「だから何なのか」という解釈もセットでもっていく。

失敗②　根拠を提示していない

次にやりがちなのは、アクションだけをもっていくことです。雲雨傘の例でいえば、「傘をもっていったほうがいい」というのがアクションに相当します。

単にアクションだけを提示されても、なぜそうなのか？　ということがわかりません。

コンサルタント用語では、**Why So? が欠けている**といいます。

「なぜそうなるのか？」ということです。

何かを提案するときはアクションだけを提案してもダメです。必ず、元になる事実と解釈もセットで伝えなければいけません。

雲があって雨が降りそうだから（事実・解釈）
傘を持っていったほうがいい（アクション）

血糖値が基準値以上で、糖尿病の危険があるから（事実・解釈）
この薬を飲んだほうがいい（アクション）

なお、アクションにはいくつかの選択肢があります。

雨が降りそうだという解釈に対する**アクションは、実はひとつではありません**。

レインコートを持っていくというアクションもありますし、用事をリスケジュールして
そもそも出かけないというアクションもあります。

糖尿病の治療にも、いろいろな選択肢があるはずです。それなのに、決め打ちでひとつ

のアクションだけを提示されても、「本当にそうなの？」「ほかにもあるんじゃないの？」と疑いをかけられてしまうのは避けられないでしょう。

提案をするときは、「複数あるアクションからなぜそれを選んだのか」もセットで伝える。

失敗③　事実と、意見や解釈との混同

最後は、いったい何が事実で、何が解釈で、何がアクションなのか、混沌としたまま報告してしまうケースです。

たとえば、新聞記事で事例を見つけて、それを報告したとします。その際に突っ込まれるであろうことは、

「これはあなたの意見なのか、それとも新聞社の意見なのか？」

ということです。

特に、**事実と意見をちゃんと区別して提示する**ことは大事です。

たとえば「お客さんは低価格なものを求めていると思います」という意見。
これは、客観的な消費データに基づくものなのか、たぶんそうじゃないかというあなたの推測なのか、それとも最近の一般的なトレンドについて言っているのか等々、さっぱりわかりません。これでは、厳密な議論はできません。

事実と意見をきちんと区別して提示する。

「事実」「わたしの解釈」「推奨アクション」の3つの見出しをつける

事実、解釈、アクションをきちんと区別し、「だから何？」「どうしてそうなるの？」への答えを明確にする。

これは、いわゆるロジカルシンキングの基本です。

そして、これは、コンサルティング会社だけで求められるスキルではありません。社会人なら、どんな仕事に就いていてもクリアすべき、基礎中の基礎のスキルです。

では、どうしたら、このスキルをすみやかに身につけることができるのか？

いちばん簡単な方法は、**見出しをつける**ことです。

何か文章を書くときに、

（事実）

（わたしの解釈）

（推奨アクション）

といった具合で見出しをつけることによって、**頭の中がスッキリ構造化されます**。

それをそのまま仕事相手に見せてもよいでしょう。

相手にとっても、事実、解釈、アクションが区別できて、とてもわかりやすいはずです。

さらに、**この見出しはチェックリストとしても機能します**。

この3つが揃っていない提案には、説得力がありません。すぐに、「だから何？」「どうしてそうなるの？」と言われてしまうでしょう。

すべての文書は、3つの見出しについて、適切に中身が埋められていて筋が通っているかどうかをチェックしてから提出すべきです。

その提案の
・事実（雲）
・解釈（雨）
・アクション（傘）
は明確か？

13

仮説思考

重要度
★★★
難易度
★★

「**はじめに仮説有りき**」——これは、コンサルタントの思考法のなかでも、もっとも重要な特徴のひとつでしょう。たとえ一年目であっても、「仮説思考」でものを考えられることが徹底的に求められます。

「お前の仮説はなんだ?」
「仮説はできたのか? 仮説は証明されたのか?」

コンサルティング会社の社内では、常に、仮説、仮説、という言葉が飛び交います。

はじめに、予想できる範囲で、ストーリーラインを描いてからリサーチする

一般的には、何かの結論を出すためには、網羅的に調べる方法をとります。全般的に調査をし、たくさんのデータを集め、データが揃ったところで、それぞれを詳細に検討して、結論を出すというやり方です。

実際にこの方法で物事を検討している場面をよく見かけますが、うまくいかないことも多いようです。

なぜなら、この方法だと議論が拡散したり、不必要な調査に時間を浪費したり、集めなければいけないデータが現実的でないほど多くなったりするからです。時間ばかりかかって、いっこうに結論が出ません。非効率的です。

こういった状態を避けるために重要なのが、冒頭の「はじめに仮説有りき」です。

このやり方では、まず、**いま予想できる範囲でストーリーラインを描いてしまいます。**

これは事件捜査の方法と似ています。優秀な捜査官は、事件の現場を見ると、誰がどの

ようにどうやって犯行をしたのか、だいたいの目星がつくのだそうです。その見立てのことを、「**仮説**」と呼びます。

間違っていてもいいのです。

「もしかしたら、こうではないのか？」と、大胆に仮説を立て、その仮説に沿ったストーリーを考えていきます。

ストーリーに沿って、あらかじめ調べるポイントを絞り込む

ある殺人事件が起きたとしましょう。犯人像は？　動機は何か？　誰がやったのか？　いつやったのか？　遺体はどこに隠したのか？　凶器は何か？

推理小説を読んだことのある人なら、小説を読みながら一度は自分で推理したことがあるでしょう。その推理こそが「仮説」です。

事件捜査は、しらみつぶしに調べて捜査しているわけではありません。推理に基づき、

怪しそうなところから順に、重点的に聞き込みや証拠集めをしていくわけです。

たとえば、

「もし、遺体を山に捨てたなら、それを運ぶ車を借りたはずだ。車を借りたのであれば、レンタカー会社の履歴に残っているだろう」といった具合です。

もし自分の推理が本当だとしたら、どういう証拠が出てくるだろうか、という観点から捜査が始まります。


これをビジネスの言葉に置き換えたものが、「**仮説思考**」です。

たとえば、

「あのリゾートホテルが高価格にもかかわらず好調なのは、若い夫婦にターゲットを絞ったからではないか？」

「1泊3万円以上のホテルに泊まるのは、富裕層だけだと思っていたが、実は若い層にも強い需要があるのではないか？」

といった仮説を立て、そこから、具体的に客層を分析していきます。

あらかじめ仮説を立てておくことで、調べるべきポイントを絞り込めていれば、効率的なリサーチをすることができる。

リサーチは、むやみに行ってはいけません。リサーチというのは、いつも仮説とセットで行われます。

リサーチは常に仮説とセットで行う。

仮説に対する検証作業として、リサーチを行う

一年目のコンサルタントがもつ仕事のほとんどは、リサーチです。しかし、網羅的にやっていては時間が足りません。ひとつの調査には1日か2日、せいぜい数日単位の時間しか与えられませんから、仮説がなければ、時間内には終わりません。

たとえば客層を調べるにしても、

「1泊3万円を払う若者層は実際に増えているのか？　増えているとしたらどういう属性か？　それはどういう要因なのか？」を、増えているという仮説を立てたうえで調べます。

そして、**仮説が正しいのかそうでないのかを結論づけて、**マネジャーにもっていきます。

「たしかに1泊3万円の若者層は顕著に増えています。ただし、地域別にだいぶ差があるようです」

あるいは、

「1泊3万円の若者層は増えていますが、60代以上でも、40代でも増えていて、全体的な現象です。若者という区切りは間違いで、なぜ高級志向の顧客が増えたのか？　を検討すべきです」

などと、仮説を否定する場合もあります。

もし前者であれば仮説をさらに深くしていく方向で進めますし、後者であれば、間違っていた仮説を修正していく必要があります。

いずれも、リサーチの結果は仮説に対する検証です。

リサーチは、仮説に対しての検証を提示するもの。

これはぜひ覚えておいてください。
目的も仮説もなく単にリサーチだけを行っても、なんの意味もありません。

仮説→検証→フィードバックのサイクルを高速で回す

わたしのコンサルタント一年目は、このようにマネジャーが設定した仮説に沿って、それを検証すべくリサーチを行うのがおもなミッションでした。

もし仮説が正しいなら正確なデータを用いて「実際にこのようになっています」とクライアントに示すためのグラフをつくる。

もし違っていたら自分なりにそのデータから読みとれる新しい仮説を考えて「検証してみたところ違う結果が出ました。データから考えると、真実はこうではないかと思います」と、**新しい仮説を提示**します。

このようにして、

仮説→検証→フィードバック

というサイクルを高速で回すことで、問題の本質に効率よく迫ることができます。

なお、仮説はあくまで仮説ですから、リサーチ結果が仮説に反していたら素直に修正します。ここで当初の仮説に合うように**証拠を捏造してはいけません。**犯罪捜査なら、いわゆる「見込み捜査による冤罪事件」になってしまいます。

意図しないデータが出てきたら素直に認めて、それをヒントにして新しい仮説をつくることです。

検証により、仮説を否定するデータが出てきたら、素直に修正し、新しい仮説を立てる。

仮説思考で、意思決定のスピードを速める

仮説思考を身につけると、意思決定のスピードが非常に速くなります。

なぜなら、多くの人は、問題がもちかけられてはじめて検討をはじめますが、仮説をもっている人は、**その時点ですでに検討が終わっていて、結論を用意している**からです。

たとえば、判断スピードが速いことで有名なソフトバンクの孫正義さん。

彼は、出資も買収も、非常に短い時間で意思決定しています。なぜそれほど速く意思決定できるのでしょうか？

もちろん頭の回転も速いのでしょうが、わたしは、あらかじめ、たくさんの仮説をもっているからこそだと考えています。

たとえば、あなたのもとに１０００億円の買収の提案がもってこられたとします。もちろん、即決はできません。まだ検討したことがないからです。

「いまから検討をはじめますから、結果が出るまで３ヶ月ほど待ってください」と返答をするのがせいぜいでしょう。

しかし、孫さんならおそらくすでに頭の中に、買収先の候補や条件、そしていくらまでなら出していいかという、彼なりのリストができあがっているのではないでしょうか。

リストが常に頭の中にあるということは、すなわち、「**現時点で買収がもちかけられたらどうするか**」**という問いについて、すでに結論をもっている**ということです。

だからこそ、実際に買収がもちかけられたとき、素早く意思決定ができるのではないでしょうか。

仮説をもつということは、現時点での結論をあらかじめ用意しておくということ。

あらかじめ、選択肢と条件をリスト化しておく

もう少し、簡単な例を挙げてみます。仮説思考で、旅行の計画について意思決定のスピードを上げるには、どうしたらいいでしょうか？

残念ながら、いまの日本の社会では休みがいつとれるかが予測しづらいこともあります。いつ休みがとれるかわからないために、直前まで旅行の計画が立てられないこともあるでしょう。その結果、直前に休みがとれそうだとわかってからはじめて、じゃあ旅行に行けるかも、とあわてて計画を立てはじめることになります。

けれどもこれでは、1000億の買収提案がもちかけられてはじめて考えるのと同じです。結局、十分な検討ができないままに、前日に行き先が決まり、中途半端な旅行になってしまうわけです。

こんなときも仮説思考を使えば、つまりあらかじめ結論をもっておけば、意思決定スピードを速めることができます。具体的に説明しましょう。

わたしの場合、旅行がとても好きだったので、コンサルタント時代も含めて、年に2回以上は海外旅行に行き、夏には何泊もかかる登山にも行っていました。多いときには、年に7回以上、海外旅行に行ったこともあります。3連休になんとか少し休みを追加しただけで、決して時間にゆとりがあったわけではありませんでしたが。

なぜそれができたかというと、**あらかじめ旅行計画の仮説を立てておいたから**です。

「3日の休みがとれた場合、○○と××に行きたい。3連休にプラスして1日の休みがとれたら、△△と□□。1週間の場合は◇◇に行ける」

このように、**行きたいところを10個ほどリストアップして、実際に飛行機の時間をざっと調べておく**のです。そして何日あればどこに行けるかを検討し、だいたいの予算も把握しておきます。

仮説なので、詳細の旅行プランは不要です。単に、「何日の休みがとれたら、どこに行けそうで、いくらお金がかかるか？」の回答集になっていればいいのです。これをエクセルにまとめておきます。

実際に休みがとれることになったら、あとは簡単。このリストの中から、条件に合うものを選び、実行するだけです。リストには行きたい場所しかありませんから、どこに行こうかという意思決定は不要です。

〈仮説思考の意思決定〉
仮説を立て、あらかじめ結論をもっておく
↓現実が起こる
↓仮説に沿って対応する

〈行き当たりばったりの意思決定〉
現実が起こる
↓あわててどうしようか考える
↓対応が遅れ、満足な結果が得られない

あるとき、突発的に3連休に加えて1日の休みがとれることになりました。このときわたしは、4日で行ける旅のリストをチェックし、中国を選びました。

日本から3時間ほどで行ける瀋陽を訪れ、そこからバスで北朝鮮との国境の街である丹東に行き、河をクルーズするというプランです。これが4日でできることはあらかじめわかっていました。行き先を決めるという意思決定にかかったのは、たった2、3分でした。

さて、一見、仮説思考やコンサルティングの仕事とは関係ないように見える政治の世界。しかし、仮説思考は政治の世界でも役立つということを、元コンサルタントの衆議院議員、田沼隆志さんが語ってくれました。

「自分が取り組んでいる主要な政治課題については、ロジックツリーのように、あらかじめ問題を構造化して、〈その課題の本当の論点は何か〉の仮説を構築しています。

行政は圧倒的な情報量をもっていますので、仮説をもっていないと、情報量で丸めこまれてしまう。仮説をもっていれば、たとえ複雑な法案が出てきても、本質的な問題点がどこにあるのかがすぐに把握でき、国会での質問につなげられます」

議員の世界は、実はものすごいスピード勝負。議員は政府から提案された議案を読み、それをチェックし、問題点があれば、国会で質問します。ただ、そのサイクルがとても短い。たとえばある法案は、金曜日に出てきて、翌週の火曜日に国会で質問の時間がとられました。準備できるのは実質的に3日間のみ。

この間に、ゼロから法案を読み、検討を始めたのでは到底間に合わず、法案の欠点を指摘することもできません。

田沼さんの場合、仮説思考のおかげで、情報量に呑まれることなく、短期間でも本質をついた質問ができているのです。

14

常に自分の意見をもって情報にあたる

重要度 ★★
難易度 ★★

若手のうちほど、単に情報を集めて満足する人が多いものです。新聞を毎日読んでいる、本を年間100冊読んだ、インターネットで毎日ニュースサイトから情報を受信している、オピニオンリーダーのツイッターをフォローしている、そういうことで、満足してしまう傾向があります。

なかには、そういう情報に感度が高い人の話を聞いて、すごいなぁと感心し、自分も真似をしないとだめだ、と焦ってしまう人もいるようです。

しかし、安心してください。**情報量を増やしたからといって、ビジネスの能力は一切、向上しません。**

ビジネス能力を向上させるのは、情報量ではなく、考えること。考えるとは、自分の意見をもつこと

わたし自身も、大学生までは日経新聞と日経ビジネスを読んでいたのですが、入社してからやめてしまいました。ふつうは、社会人になってから新聞を読みはじめることが多いのに、社会人になって新聞を読むのをやめてしまったのです。

というのも、コンサルタント一年目はあまりに忙しく、春が過ぎてゴールデンウィークにさしかかるころ、郵便受けに入りきらなくなった新聞やら雑誌やらの束と、それをそのままゴミ箱に直行させる自分を見て、これはいらないなと思ったからです。実際、それらの情報を受け取らなくても、自分のビジネス能力は格段にアップしていました。

ビジネス能力を向上させるのは、情報量ではなく、考えることです。

どれだけ考えたかが、ビジネス能力を向上させるのであって、**情報量そのものが能力を向上させることはありません。**

情報量を増やしても、右から左に情報は抜けていき、頭に残らない、そして、せいぜい

手に入れた他人の意見を鵜呑みにするだけなら、意味はありません。

考えるとは、端的に言って、**自分の意見をもつ**ということです。

これも、コンサル一年目に学んだ大事なことです。

本や、テレビ、新聞、インターネット、なんでもいいですから、**情報に接するときには、必ず自分の意見をもって接すること**です。そして、考えることを繰り返す。

考えるとは、自分の意見をもつということ。
自分の意見をもって、情報に接する。

たとえば、いま、朝日新聞のウェブサイトで「(新幹線) こだま、復権の山陽路ひた走る　乗客5年で7割増のわけ」という見出しがありました。ついつい、乗客が5年で7割増えた理由が知りたくて、すぐクリックしたくなります。そして、その理由を知り、そうかそうかと鵜呑みにしてしまいます。しかしそれでは、頭はよくなりません。

ここで重要なのは、**クリックしたい気持ちを抑えて、1分だけ考える時間を持つこと。**

・なぜ、こだまなのか？
・乗客が5年で7割増えた理由は何だろうか？

ぜひ、自分なりの意見をもって考えてみてください。

たとえば「経済が低迷するなかで安いものの需要が増えてきたから、新幹線にも低価格の需要が多くなったのでは？　高価格ののぞみから乗り換え需要が増えているのかも？」などの意見をもって、そこではじめて記事をクリックします。

記事の内容は、まさにそのとおりで、高速バスやLCCといった安価な移動手段がでてきて、新幹線の「のぞみ」と競合しているとのことでした。

自分の意見をもつ方法
↓答えを知る前に、1分だけ自分で考える時間をつくる

自分の意見をもって情報に触れてはじめて学びの機会が生まれる

自分の意見をもってはじめて、学びの機会は生まれます。自分の結論と違っていたら勉強になるし、もし、自分の結論通りだとしても、結論にいたるまでの考え方が違っていたり、視点が違っていたりする場合もあります。それもひとつの学びです。これを繰り返すことでしか、学ぶことはできないし、記憶にも残らないのです。

もう一度新幹線の例で話します。低価格路線という結論は、わたしが考えたことと同じでしたが、その過程として、のぞみユーザーがこだまに乗り換えているのだろうと考えました。しかし、記事では、違う事実の存在も指摘されていたのです。新しくこだまを利用するようになったお客さんの多くは、いままで高速バスや、自家用車を利用していたお客さんでした。そこが新幹線に乗り換えた。

自家用車や高速バスの利用者は、移動時間がかかっても安く移動したいユーザーです。しかし彼らも、高速バスより多少高くてもいいので、もう少し快適に移動したいということだったのです。

つまり低価格の高速バスなどから、中価格のこだまへの乗り換えが起こっていたわけです。これは単なる低価格現象とは違います。

もし、自分の意見を最初にもっていなければ、たぶんこの新しい顧客の特徴については、右から左に頭の中を抜けて記憶に残らなかったでしょう。しかし、**いったん自分の意見を考えたからこそ、新しい発見**がありました。

頭をよくするのに、何かすごい方法論はありません。しかし、コンサルティング会社という、日々強制的にものを考えさせられる環境に身を置いたことで、自然と頭は鍛えられていきました。

一年目のわたしにでさえも、マネジャーはいつも意見を求めてきたからです。

「大石さんはどう考えてる？」

「大石さんはこれ、正しいと思う？」

正解にこだわらず、考え続ける

また、ここが大事なのですが、「**自分の考えをもつ**」ことは、「**正解を知っている**」ことと**は違います**。

考えは、間違っていてもいいのです。そもそも、**間違っていることに気づいたり、他人と考えが違ったりすることを認識するために、考えをもつ**のですから。

正解を覚える必要はありません。常に自分の考えをもって情報に接して、どんどん考えを深めていってください。

間違えることを恐れない。
正解を覚えようとしない。

最初は、稚拙だったり、間違いだらけだったりしてもかまいません。とにかく、**自分だったらこう思うという筋をもって、本を読んだり、有名人のツイートに接したり、記事**

を読んだりすること。

それができるようになってくると、次第に、新聞やニュースに違和感を覚えるようになります。「その結論には根拠がない」とか、「その分析は一面的だ」とか。

そうなれば、あなたの考える力やビジネスの能力は、必ずや向上しているはずです。

そうして培った考える力は、15年どころか、一生役に立つ能力です。

15 本質を追求する思考

重要度 ★★☆
難易度 ★★★

物事を深く考え続けていると、突然パッとひらめくような瞬間があります。**それまでバラバラに見えていたものが統合し、一本の線につながる**ような感覚です。

こういうひらめきにたどり着くまで、考えに考え抜くこと。コンサルタント時代の思考のトレーニングは、まさに、そういうものでした。

「情報」ではなく、「本質」を提示する

クライアントが、コンサルティング会社に最終的に求めているものは何か?

それは、単なる「情報」ではなく「本質」です。

では、この2つはどこが違うのでしょうか？

ここではあるコンサルタントの方の体験談をもとに説明します。


そのとき彼は、コンサルタントとして、クライアントが買収しようと考えている企業について調査する役割を担っていました。M&Aでは、買収しようとする会社についての膨大な情報が必要になります。彼は合コンも断り、徹夜もし、膨大なリサーチを積み重ねて、報告書にまとめました。

完成したレポートは、ビジネスモデル、収益性、財務状況、営業体制、人事制度、ITシステム、企業文化にいたるまで、あらゆることが多角的に調べられた、精緻なものでした。しかし、クライアントにもっていったところ、評価されるどころか、開口いちばん、バッサリこう切り捨てられてしまったのです。

「こんな資料はいらない。わたしたちがほしいのは、こんな資料じゃない。**バラバラの情報ではなく、本質を教えてください**。わたしたちが知りたいことはたった2つです。

この買収候補先の会社はどういうコアエンジンによって動いているのか？

そして、買収する場合の妥当な企業価値はいくらなのか？

その2つだけです」

彼は、本当にショックだったといいます。

情報ではなく、本質を教えてほしい。

クライアントが知りたいことはそれだけでした。

もちろん、個々の分析や調査は作業としては必要でした。しかし、求められていたのは、それらを統合し、**「だから何なのだ」という本質を示すこと**だったわけです。

「いままで自分は本当の意味で頭を使っていなかったんだ……」

この経験は、彼のなかで、**「考えるとは何なのか」**についてパラダイムシフトを起こしたのでした。

情報を集めるプロセスだけでは、考えたことにはなりません。その先にある「本質」を提示することができて、はじめて価値は生まれるのです。

情報を集めるだけでは考えたことにならない。その先にある「本質」を提示することができてはじめて、価値は生まれる。

もうひとつ、iPhoneをたとえに、「本質」とは何かを見てみましょう。

iPhoneは、発売された当時は、「単に端末に電話をつけただけだ」とか、「既存技術の寄せ集めだ」とか言われていました。「技術的には、日本の携帯電話やネットワークのほうが進化している」と。

たしかにiPhoneは、技術的には、すでに存在する技術の寄せ集めだったかもしれません。しかし、そこには、**本質的なイノベーション**が提示されていました。

技術のイノベーションはなくとも、「ネットワークと人間の新しい関わり方」という、一段高いスタイルが提示されていたからです。その高い視点こそが、スティーブ・ジョブズの思考の本質でした。

本質を見出すには、情報量ではなく、一段高い視点が必要

多くの人は、情報をたくさん仕入れて、過去を分析し、個別の事例を積み重ねて、複数の結論を出します。こうとも言えるし、ああとも言える。こんな例もあるし、あんな例もあると。しかし、それを10も20も積み重ねたところで、いちばん大事な本質は見えてきません。

結果的に、「顧客が必要と言っているから」と言って、ボタンが40個も50個もあるようなリモコンのようなものがつくられるだけです。

iPhoneを創造するには、携帯電話という概念を取っ払い、もう一段高い視点から、人間とデバイスの関わりをとらえ直す必要がありました。スティーブ・ジョブズにはそれができたのです。

「考える」ということは、情報をたくさん集めて、機能をたくさん追加することではありません。分厚い報告書をつくることでもありません。

せいぜいたったひとつかふたつの本質を抽出して、それを磨き上げることです。

情報をたくさん集めるよりも、ひとつかふたつの本質を抽出し磨き上げることが、考える力を向上させる。

本質を追究するという話は、次の本からヒントを得られます。ぜひお読みください。

〈参考図書〉
『観想力・空気はなぜ透明か』三谷宏治（東洋経済新報社）
『なぜゴッホは貧乏でピカソは金持ちだったのか？』山口揚平（ダイヤモンド社）

第3章

コンサル流
デスクワーク術

16

文書作成の基本、議事録書きをマスターする

重要度
★

難易度
★

新人の仕事の定番に、議事録書きがあります。どこの会社でもそうでしょう。議事録づくりは、新人、若手の仕事です。

ただ、この議事録書きについては、何をどのように書いたらいいのか、あまりノウハウ的なものを見かけません。多くの新人が苦労して議事録をつくっているものと思われます。

文書作成のすべては、議事録書きから始まる

コンサルティング会社でも議事録づくりの仕事は新人の役割ですが、これがさっさとで

きるようにならないとまずい。ある意味、最初の関門です。わたしも、基本中の基本の仕事として、しっかりと訓練させられました。

別のコンサルティング会社では、はじめて書いた議事録を添削してもらったところ、3時間もかけて、いろいろと指摘されたという人もいます。自分が書いた文字以上の赤字を入れられたそうで、一年目の体験として強烈に記憶に残っているとのことです。

先輩のコンサルタントが、忙しいなかをていねいに3時間もかけて添削するというのは、並大抵のことではありません。裏を返せば、そうまでしても、一年目のコンサルタントに議事録を書けるようになってほしかったということでしょう。

というのも、議事録というのは、ドキュメンテーション、つまり文書作成の基本中の基本だからです。文書作成における基本的なルールや作法がぎっしり詰まっているのです。

これができるようになれば、他の文書もうまくつくれるようになる。だから、議事録を通して、文書づくりの基本を、わざわざ3時間もかけて指導したのだといえます。

文書作成のすべては議事録書きから始まると言っても過言ではありません。

議事録には、発言の記録ではなく、後日の証拠となるよう、決定事項を簡潔に書く

では、コンサル仕込みの正しい議事録の書き方とは？

というわけで、これからご紹介します。

まず、**新人がやってしまうもっともありがちな間違いは、発言録を書いてしまうこと**です。誰々がこういうことを言ったというのを逐一書いてしまう。あの人がこう言って、この人がこう言って、いろいろ意見がありましたと。その発言を、時系列に記録したようなものをつくってしまうのです。会議を録音して、それを文字に起こしたような感じのものですね。これはＮＧです。


本来、議事録とは、その会議で決まったことを書くもの。それが原則です。非常に極端なことを言えば、途中の経過などは必要なく、その会議で何が決まったかを書く。**決まったことを紙に証拠として残すのが議事録**です。

決まったこととは、たとえばこういうことです。

「お客さんの対応のために新しく1名を専任で割り当てる」

「◎◎商品は、2000個をXX円以下で購入することで決定」

「来月の説明会は、X月X日に13時から行い、BさんとKさんが担当する」

「ウェブデザインは、C案を採用する」

こういったことを決定事項といいます。


会議で何が決まったのか。決まったことをみんなが確認できて、あとで、「それは決めてない」「いや決めた」といった揉め事をなくすために紙に記録するというのが、議事録の本来の役割です。

日常生活でも、たとえば待ち合わせなど、口頭で決めたことをメールで確認して流すことがあると思います。

「飲み会の件、来週水曜日の19時から渋谷ということで。確認です」などと、文字にして、相手に伝えて確認をとる。

これぞ、議事録の原点です。

議事録とは、
1　決定事項、確認事項を書き、関係者に確認し、決定するためのもの
2　決定事項を書いて、後日のための証拠に残すためのもの

決まったこと、確認したいことを、簡潔に書いて、関係者に流し、間違いがないか確認してもらって、決定とする。

これが議事録の役割なのです。

大事なのは、決定事項のほかに、決まらなかったこと、次までにやっておくべきことを書くこと

次に、議事録で必ず盛り込むべき項目を挙げましょう。

- **日時**
- **場所**

- **参加者**
- **本日のアジェンダ（論点・議題）**

以上は当たり前ですね。重要なのは、次の4つです。

- **決まったこと**
- **決まらなかったこと（次に持ち越したこと）**
- **確認が必要なこと**
- **次回に向けてのTODO（誰がいつまでに）**

この4つが、簡潔に、クリアーに、整理されて書かれていたら完璧です。

議事録を書くとき、**まずこの項目を見出しとして最初に設定**してしまってください。

あとは、その見出しの下に、**箇条書きで**、中身を埋めていきます。

たとえば、

〈**アジェンダ**〉

新しくオープンするウェブサイトのデザイン案を決定する

〈**決まったこと**〉

デザイン会社からのデザイン案のうちC案を採用とするが、下記の点で修正を加える。

①トップページはもう少しダイレクトに登録を誘導できるものとすること

②HTML5を使ってダイナミックに動くようにすること

〈**決まらなかったこと**〉（**次に持ち越したこと**）

検討していたドメイン名の多くが他社取得済みで、適切なものがなく、最終的に決まらなかった。

〈**確認が必要なこと**〉

HTML5の利用については、諸々意見が挙がったが、基本的にGOとする。

ただし、部長意見で、XX部署に念のため確認をとる。

〈**次回に向けてのTODO**〉（**誰がいつまでに**）

取得可能なドメイン名の一覧を、YY部長の部署で、次回までに洗い出しておくこと。

このような感じです。非常にコンパクトにしていますが、これだけでも、簡潔にわかると思います。

実際の議論の過程では、紆余曲折があり、いろいろなことに話は飛びますが、そういう時系列での発言はすべて無視して、このフォーマットに沿って、決まったことだけ、決まった事実だけを簡潔に書く。つまり、**構造化してまとめる**ということです。

まずは、このフォーマットでできるようになるまで繰り返してみてください。

決まったことのほかに、
決まらなかったこと、確認が必要なこと、次回までにやるべきことを、
簡潔かつ明確にまとめる。
完璧に自分の文書作成のスタイルになるまで、徹底して続ける。

なお、議事録の証拠としての役割から**残しておくべき付属意見**というものもあります。こう決まったけど、◎◎さんはこういうふうに言っていたとか、こういう反対意見があったけれど、こう決まったとか。

このように、決まったことに関して、誰かの意見や発言を参考として盛り込むのはかまいません。特に、その会議のキーパーソンがどのような意見をもったかを書き加えるのは有効でしょう。

たとえば、

HTML5の利用については、諸々意見が挙がったが、基本的にGOとする。
※まだ動かないブラウザがあるのは承知だが、サイトの目的を考えると、先端ユーザーが使うため、問題ない（部長意見）

といった具合にします。

あくまで決定した事実を議事録に書きますが、補足事項として、キーパーソンの意見や、簡単な経緯をまとめるのです。

なお、発言録はNGといいましたが、例外もあります。

たとえば、裁判の議事や国会の発言録です。これについては、一字一句、誰がどのように発言したかということを記録として残しておく必要があるからです。こういうタイプの議事録も存在しますが、ビジネスの場ではほとんど使われません。

まとめますと、次のようになります。

・裁判、国会の議事録

↓誰が何を言ったかを、言い違いも含めて、正確に証拠として残すため、一字一句を文字に起こすタイプの議事録。

・ビジネスの議事録

↓決定事項や、次回に持ち越す事項など、何が決まって、何が決まらなかったのかを確認し、決まったことについては関係者の間で認識違いがないかどうかを証拠に残すための議事録。

17

最強パワポ資料作成術

重要度
★★☆

難易度
★★☆

わたしは、いまでもほぼ毎日、パワーポイントで何かしらの資料をつくっています。業界が変わっても、起業したときも、作家活動をしているときでも、結局ずっと、パワーポイントはついて回っています。

ですから、パワーポイントの資料のつくり方もまた、コンサルタント時代に学んでよかったと思うことの筆頭に挙げたいことのひとつです。パワポにするときに限らず、わかりやすい資料をつくるコツそのものを学んだのです。

パワーポイントは、シンプルイズベスト

コンサル流のパワーポイントは、ひとことでいえば、「**シンプルイズベスト**」。**言いたいことが明確で、シンプルで、見やすい**。

たくさんのことを一枚に詰め込む一枚企画みたいな方向性もあるのは知っていますが（お役所のパワポに多いようです）、わたしは、シンプルイズベストのコンサル流が身についているからか、それがいちばんだと思っています。

では、そのコツは？

シンプルな資料をつくるコツもまたシンプルです。たったひとつの原則を覚えればいい。それは、「**ワンスライド・ワンメッセージ**」**の原則**です。

要するに、1枚のプレゼンスライドに、多くのものを詰め過ぎないということ。

ワンスライド（1枚のスライド）では、ワンメッセージ。1枚に1つです。この原則を守ると、資料がシンプルになり、また再利用などの差し替えが便利で生産性も上がります。

パワポは、ワンスライド・ワンメッセージ

ここで重要なのは、**言うことをひとつに絞る**ことです。

実は、これが案外むずかしい。

ついサービス精神を発揮して、たくさんの図解やグラフを1枚のスライドの中に3つも4つも盛り込んでしまいがちです。そこに、多くの太字や赤字での強調、そして、吹き出しでのコメント……。

こういう資料は、いったい何が言いたいのかわかりません。言いたいことがたくさん盛り込まれすぎていて、見る側は、どう解釈していいのか、何がいちばん大事なのか、わからない。というより、つくっている本人もわかっていない。頭の中で整理されていないのでしょう。

また、ひとつのグラフに関しても、このグラフからは、こういうことも言える、ああいうことも言える、いろいろ言えると、たくさんの結論が書いてあるパワポもよく見かけます。これも結局何が言いたいのか、わかりません。

聞き手が知りたいのは、そのグラフを、どう読みとるかというあなたの解釈です。「要するに、何が言いたいの？　言えるの？」ということです。

グラフを出したら、あなたの解釈はひとつだけ。ひとつのメッセージだけを伝えます。

1枚ごとの基本的な構成は、根拠となる数字や事実＋自分の解釈や主張の、ワンセット

ワンスライド・ワンメッセージでは、基本は、グラフや表がひとつ。そして、そのグラフから読み取れる解釈・主張をひとつだけ提示します。これが基本的な構成です。グラフや表に限らず、写真でもなんでもよいのですが、なるべく客観的なデータを使います。要するに、

①根拠となる数字や事実　＋　②自分の解釈や主張

これをセットにして提示します。1枚のスライドにつき、ワンセットのみ。

こうして、1枚1枚はシンプルにして、それを組み合わせて、「流れ」にして見せます。もし複数のことを言いたければ、スライドを分割する。2枚や3枚にします。全体の枚数は増えますが、そちらのほうがわかりやすい。

この構成のパワポ資料の利点をまとめてみましょう。

①わかりやすい

根拠＋意見がセットになっているので、論旨も明確。言いたいことが絞れる。

②聞き手にとっても楽

1枚のスライドにつき、1つのことだけを理解するように努めればいいので、聞き手の負担が少ない。

③飛ばすのも簡単

プレゼン中に、相手の理解に応じて途中を飛ばしたりするのも、1枚単位なので容易。

④再利用が簡単

1枚単位で構成されているので、差し替えも楽。資料の構成を大幅に変更する必要があるときでも、1枚1枚はパーツにすぎないため、並び順を変えたり、取捨選択をしたりすれば対応できる。

たとえば、詳細版から、要約版をつくる場合でも、キーとなるスライドだけを抜き出して、見出しに相当するスライドを加えたりして調整すればOK。

ワンスライド・ワンメッセージのスライドを実際につくってみよう

ワンスライド・ワンメッセージのスライドは、前述のように、根拠＋解釈・主張をセットにして構成します。そこにタイトルと、根拠とする事実や数字の出所を入れれば、できあがりです。もう少し、詳しくご紹介しましょう。168〜9ページの事例を参照しながらお読みください。

①根拠部分

基本的には、**客観的なデータ**を示します。統計だったり、アンケート結果だったり。数字を基本にして、**誰もが納得できるデータを使う**のがいちばん説得力があります。データは、主張に合わせて加工します。**グラフや表にする**のが一般的で、主張に関連する部分がわかるように強調したり、**色を工夫して見やすく**します。

また、統計・アンケート結果といったもの以外でも、**主張したい内容の根拠になればよい**ので、「**ヒアリングのコメント**」「**引用**」「**図解**」「**現場写真**」といったものでもかまいません。

ひとつの主張につながるのであれば、1枚のスライドのなかに根拠となるグラフを並べて2つ引用してもかまいませんが、2つまで。それ以上は見づらくなります。

②解釈・主張部分

グラフや表から、何をどう読み取り、何を主張するかを、明快に書きます。事例では、「ものづくり大国という前提を疑うべき」というメッセージを明確にしています。

根拠と解釈・主張部分はセットです。1対1で対応していることが大切です。

たまに、グラフや表をたくさん貼り付けただけで、そこから何を読み取るべきなのかが示されていないスライドがあります（主張・解釈がない）が、それでは聞き手はどう理解してよいのかわかりません。

また、ひとつのグラフから、たくさんの言いたいことを主張して、こうも言えるし、あも言える、と言っているグラフがあります（根拠1つにつき、主張が複数）が、**言いたいことが複数あるなら、何枚かに分ける**のが基本です。

③タイトル

タイトルは、あまり重要ではありません。見出し程度のものをつけておけば十分です。

④出所

信頼性のある資料とするために出所は必須です。自社データの場合も記します。

たとえば、次のような具合です。

出所：財務省統計

出所：「シニアのライフスタイルに関する調査」楽天リサーチ

出所：ECサイトの検索結果をもとに当社分析

出所：当社アンケート調査による分析

より詳しくは、次のような本を参照してください。とりわけ、『マッキンゼー流図解の技術』は、この手の本の元祖かつバイブルで、わたしが新人時代、原書（当時は翻訳がありませんでした）で、表現を学んだもの。非常によくまとまった本です。

『**マッキンゼー流図解の技術**』ジーン・ゼラズニー（東洋経済新報社）

『**パワポで極めるフレームワーク ロジカルに落とすプレゼン資料作成の秘訣**』大石 哲之（アスキー・メディアワークス）

『**PowerPointビジネスプレゼン ビジテク〜図を描き・思考を磨き・人を動かすプレゼンテーション**』菅野 誠二（翔泳社）

●ワンスライド・ワンメッセージ

基本は、根拠となるグラフや表を一つ。
そして、そのグラフから読みとれる解釈・主張を一つだけ提示する。

①根拠となる数字や事実 ＋ ②自分の解釈・主張

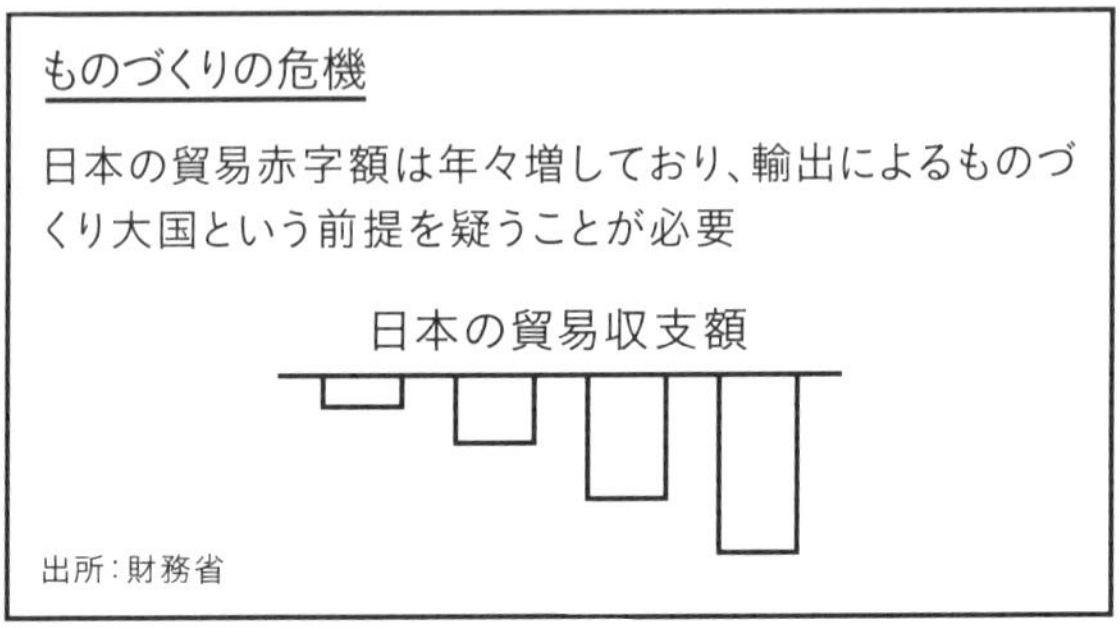
ものづくりの危機
日本の貿易赤字額は年々増しており、輸出によるものづくり大国という前提を疑うことが必要
日本の貿易収支額
出所：財務省

ワンスライド・ワンメッセージでない例1

ノーメッセージのスライド。このスライドでは、それらしいグラフをコピペしただけで、だから何なのか？　という結論も主張も存在していない。

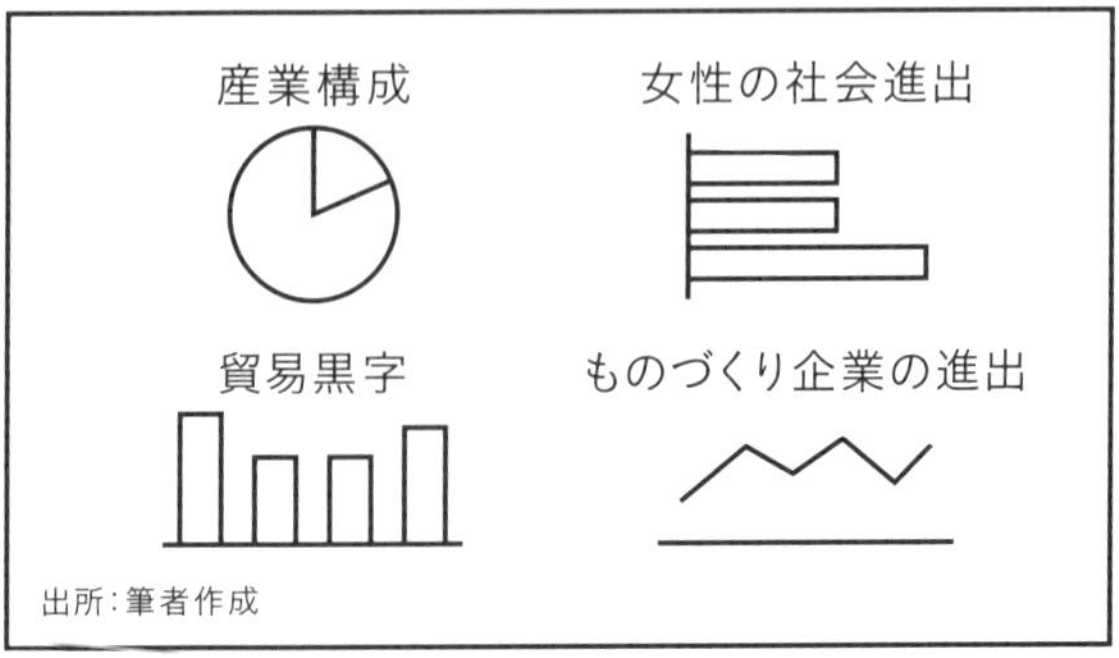
産業構成
女性の社会進出
貿易黒字
ものづくり企業の進出
出所：筆者作成

ワンスライド・ワンメッセージでない例2

詰め込みすぎ。それぞれに言いたいことがある場合は、
4枚に分割したほうがいい。

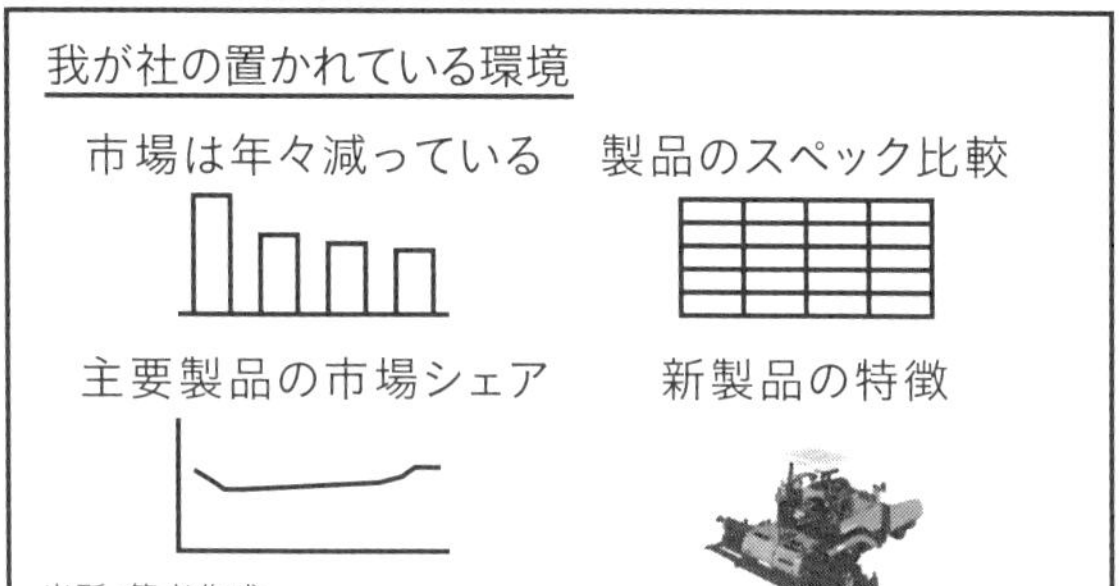
我が社の置かれている環境
市場は年々減っている
製品のスペック比較
主要製品の市場シェア
新製品の特徴
出所：筆者作成

ワンスライド・ワンメッセージでない例3

一つのグラフにいろんなコメントをしていて、
どう読み取るべきかわからない。

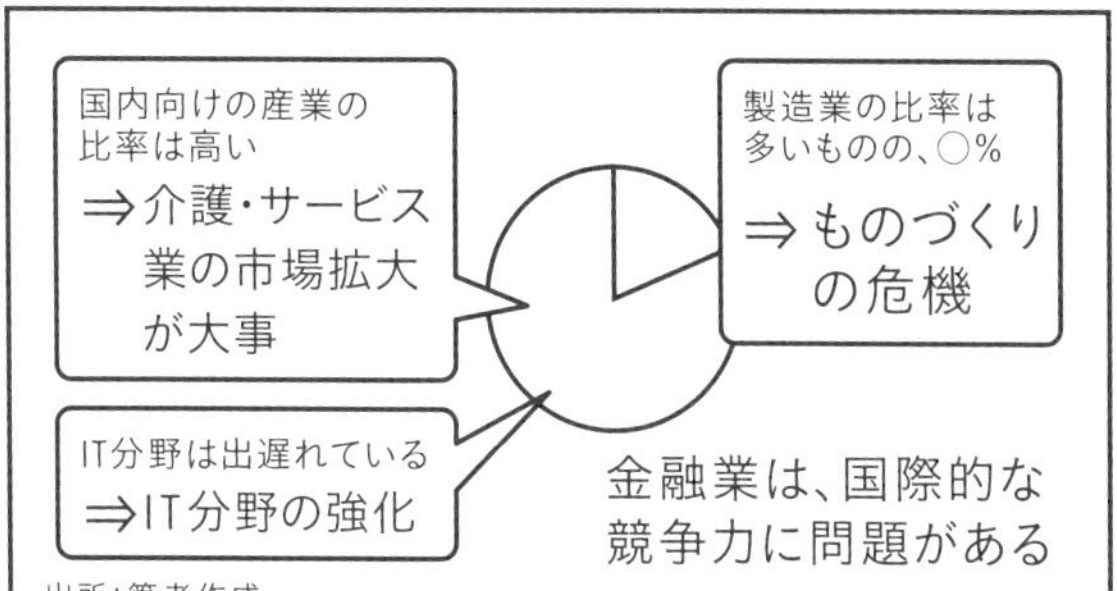
国内向けの産業の比率は高い
⇒介護・サービス業の市場拡大が大事
製造業の比率は多いものの、○%
⇒ものづくりの危機
IT分野は出遅れている
⇒IT分野の強化
金融業は、国際的な競争力に問題がある
出所：筆者作成

18

エクセル、パワーポイントは、作成スピードが勝負

重要度 ★★

難易度 ★★

コンサルティング会社の出身者の隠れた武器に、「**エクセル、パワーポイントの作成スピード**」があります。

1日で40～50枚のパワーポイントの資料をつくってしまうというのは珍しいことでもなんでもなく、コンサル時代はそれが常識だと思っていましたが、ほかの業界の人から見ると、異常なほどのスピードらしいのです。

コンサルタント出身で、現在は経営者になっている方にも意見を聞きましたが、経営者になったいま、部下がたくさんいるというのに、「いまでも社内でいちばんエクセル表をつくるのが速い」というのです。

なぜ、これほどまでに差がつくのか？　次の2つの理由が考えられます。

①コンサルの納品物はパワーポイントでつくるため、ツール操作のスピードが死活問題となる
②ショートカットを多用して、マウスを使わない操作を身につけている

順に説明しましょう。

資料作成にかける時間が短縮できれば、その分、考える時間がもてる

まず、コンサルにとってはツールの操作スピードが死活問題になる、という点です。

コンサルタントの納品物は、基本的に報告書です（もちろんそれだけではありませんが）。それはパワーポイントの形態をとっていることが多く、その資料が最終アウトプットとしてお客さんのところに残ります。

一方で、そういった最終報告書にいたるまでには、その何倍もの日の目を見ない資料をつくることになります（捨て紙といわれます）。

日々の打ち合わせや議事の進行も多数ありますので、その都度、パワーポイントでそれらの資料もつくります。

かくして、資料の作成量は膨大なものとなり、1日で40ページもの資料をつくったりすることになるわけです。

エクセルについても同様です。特に新人は、データの分析やグラフ作成の作業が多くなります。10や20どころか、数十のグラフを作成したり、数字を集計したりします。

つまり、コンサルの仕事では、ほとんどの時間を、エクセルかパワーポイントを使って作業することに費やしているわけです。ですから、この2つの**ツールの操作スピードを上げることが即、生産性の向上に直結**するのです。これが遅いと、ほかのことがいくら速くても、仕事が終わりません。

仕事の7割、8割の時間を占めるツールの操作スピードを上げるということは、全体の生産性向上に極めて大きなインパクトをもたらします。

ツールの操作スピードを上げることは誰でも訓練次第で可能な生産性を向上させる方法

どんな仕事であれ、一年生は思考面ではなかなか勝負できませんから、せいぜい操作の訓練さえすれば生産性が上がるツールの習熟に努めることは、キャリアアップのうえでも効率のよい方法だと思います。

自分の新人時代を振り返っても、新人のわたしがはじめて「戦力」として認められるきっかけになったのは、数字データの分析でした。

売上のデータを渡されて、それを整形して市場シェアの動向などを分析するよう言われたのですが、売上データ量が半端なく多く、数十万行にも及び、エクセルではとうてい行数が足らず、動きません。

そこで、どうしたらできるかを聞いて回ったところ、マイクロソフト・アクセスというデータベースソフトにデータを取り入れ、ＳＱＬという言語を使えばできるとのこと。早速それを学び、得られたデータを、エクセルに入れてグラフ化する、という作業を自動でできるようなものをつくりました。

エクセルもアクセスも、触れたのは入社してからで、学生時代はまったく利用したことがありませんので、ゼロから学ぶことになりましたが、ツールの効率化は大事で、もしこれを手作業で単純にやっていたら、多分、毎日徹夜をして作業をするはめになったことでしょう。

この経験を通して、データ処理のスピードが非常に上がったことは、一年生で何も武器がない自分にとって大きな自信になりました。ツール操作のスピードだけは他人より速いので、その分、時間が稼げます。その間に思考面などをキャッチアップする余裕が生まれます。それは大きかったように思います。

マウスを取り外してでも、徹底的にショートカットキーを覚え、使いこなす

では、どのようにして、スピードアップするのか？

具体的なノウハウをご紹介しましょう。

まず、**基本的にはショートカットキーを使う**こと、これがいちばん大事です。これは、エクセル、パワーポイント双方にいえます。

ショートカットキーとは、**マウスを使わずに、キーボード上だけで操作する**ことです。

たとえば、もっとも多く使うのは、「ファイルを上書き保存する」というものでしょう。これをいちいち、ファイルのメニューをマウスでクリックして、そこからさらに下の矢印を押してメニューを伸ばして、上書き保存を出現させ、最後にクリックする、という方法で行っていると、3クリックかかり、時間にして3~4秒くらいはかかります。

一方で、上書き保存をするには、マイクロソフトの場合、コントロールキーと「s」キーを同時に押すだけで、同じ作業ができます。これにかかる時間は、わずかに0・1秒程度。このスピードの差は圧倒的です。

ですから、**エクセルやパワーポイントの操作スピードを上げるには徹底してショートカットキーを覚える**ことです。そして、頭で何も考えなくても、自動的に手が動いて、自分がやりたい操作が0・1秒で次々と実現するようになるまで習熟することです。

エクセルで言えば、**シートの移動、行を挿入する、データの端に飛ぶ、セルの書式設定**

を呼び出す、こういった作業はすべてショートカットキーでできます。

パワーポイントでも、**新しいスライドを挿入する**、**図をグループ化する**、**解除する**、**図の高さをそろえる**、といった作業がショートカットキーで可能です。

取材したコンサルタントのなかには、新人時代に**上司にマウスを取り上げられて**、「**これからは全部ショートカットキーで操作しろ**」**と言われた**という人もいました。

F1キー（ヘルプキー）を外す、つまり、物理的にキーを取っ払ってしまったという人もいます。間違って押してしまうと、クジラのようなヘルプがでてきて困りますから。

コンサルタントたちは、そこまでストイックにツールの操作効率を追求しているのです。

外資系コンサル、外資系金融ならみんなやっている、パワポとエクセルの小ワザを軽視してはいけない

そのほか、簡単にエクセル、パワーポイントをスピードアップする小ワザや、特に初心者が知っておくとよいポイントについてご紹介しましょう。

小ワザといってもバカにしてはいけません。こうした一つひとつの工夫が、コンサルタントの生産性の源となっているのですから、あなたにとっても有益なはずです。

〈エクセルの場合〉

①セルの結合を使わない（あとで修正ができなくなる）。

②セルの行と列を入れ替えるときは、［形式を選択して貼り付け］→［行列を入れ替える］。

③他の資料から数字をコピペする場合は、［形式を選択して貼り付け］→［値］。

④数字を転写するときは、直で打ち込まず、「＝」を使う。

⑤関数を覚える。SUM、AVERAGE、VLOOKUP、IFといった関数を覚えて使えるようにする。

⑥早めに「ピポットテーブル」をマスターする。

これができると、エクセル上でシミュレーションができるようになる。

〈パワーポイントの場合〉

①図の操作が多いのでショートカットでは足りないこともあるが、よく使う図や操作は、アイコンメニューをカスタマイズできるので、徹底的にカスタマイズする。

②図は使い回しができる形態で描く。

③図形の上に、文字ボックスを載せるのではなく、図形内部に文字を入れる。

④図形をコピーするには、シフトとコントロールキーを押しながら、横にずらす。
⑤図形からはみ出る場合は、［描画オブジェクト内でテキストを折り返す］を指定する。
⑥テキストボックス内で改行しない。
⑦マトリクスは、大きな□を描き線を２本十字に描くのはＮＧ。□を４つ組み合わせる。
⑧図形同士をつなぐときは、［コネクタ］を使う。
⑨図形の高さをそろえるという機能は便利なので、覚えておくとよい。

最近は、エクセル能力、パワーポイント能力に関する操作技術が注目されてきています。次の参考書は、ツールの操作面への言及にも焦点を合わせてとりあげた、類書とは一味違うものです。どちらも、コンサル出身者（パワーポイント）、投資銀行出身者（エクセル）が書いたものですので、大いに参考になると思います。

〈**参考図書**〉
『外資系コンサルのスライド作成術―図解表現23のテクニック』山口周（東洋経済新報社）
『外資系金融のＥｘｃｅｌ作成術：表の見せ方&財務モデルの組み方』慎 泰俊（東洋経済新報社）

●パワポづくりの小ワザ

後から調整したり、再利用しやすい形でつくるのが、資料作成の基本。
これだけで作業時間が一気に短縮できる。(数字は文中の番号に対応)

③ 図形に文字ボックスは重ねない

NG

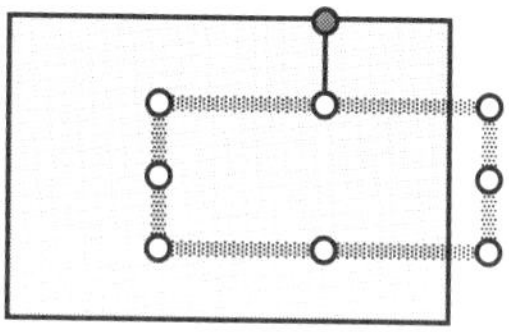

図形の上に文字ボックスを重ねて、
その上に文字を書かない

OK

文字は、図形をクリックして選択し、
その中に直接書くようにする

OK

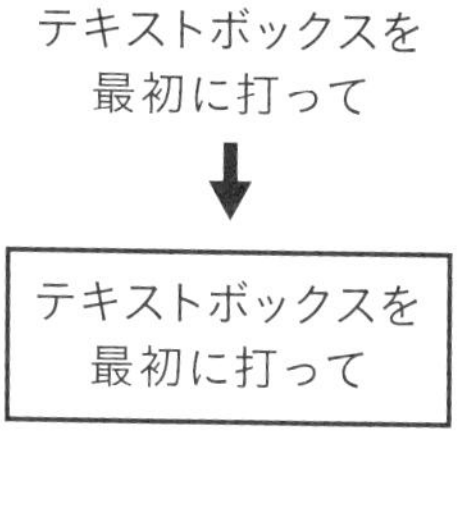

もしくは、テキストを最初に
打っておいて、そのテキストボックス
自体に枠線の色を指定すること

④ 図形のコピーはずらすだけ

シフトとコントロールキーを
小指と薬指で両方押しながら、
図形を選択して、そのまま横にずらす

⑤ 改行せずに折り返す

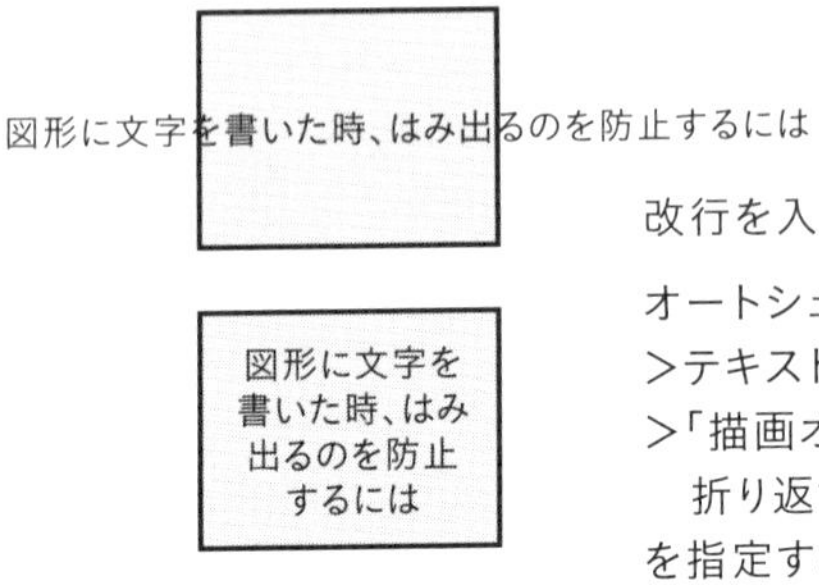

改行を入れて調整してはならない

オートシェープの書式設定
>テキストボックス
>「描画オブジェクト内でテキストを
　折り返す」
を指定する

⑥ テキストボックス内も改行しない

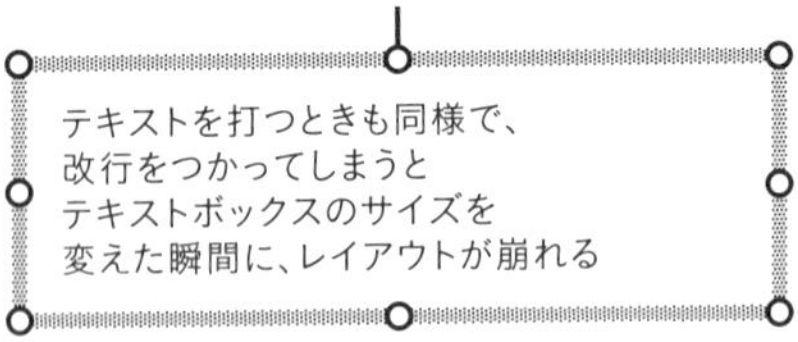

テキストを打つとき
も同様で、
改行をつかってし
まうと
テキストボックスの
サイズを
変えた瞬間に、レイ
アウトが崩れる

テキストボックスを小さくしたときに
崩れてしまう

テキストを打つとき
も同様で、改行をつ
かってしまうとテキ
ストボックスのサイ
ズを変えた瞬間に、
レイアウトが崩れる

改行せず、テキストボックスの
サイズ自体で調整すること。

⑦ マトリクスは四角を4つでつくる

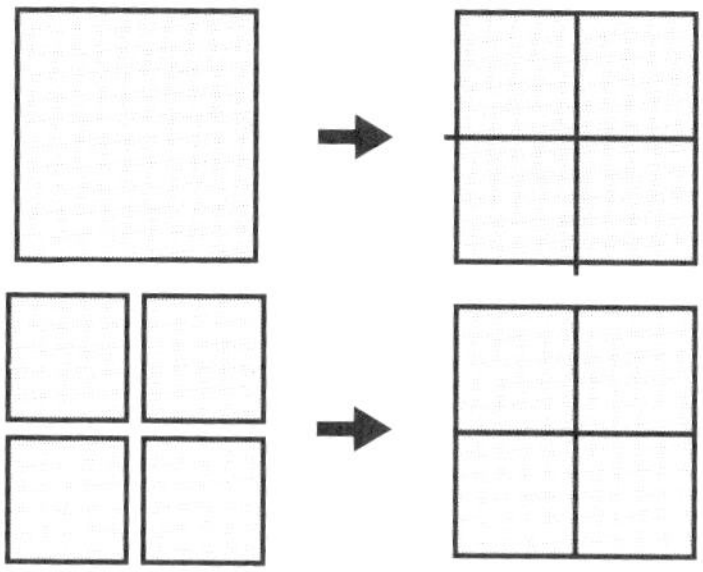

NG
四角に、十字の線を
組み合わせる

OK
小さい四角を4つ
組み合わせる

⑧ 図形をつなぐときはコネクタを使う

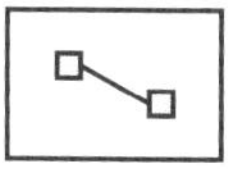

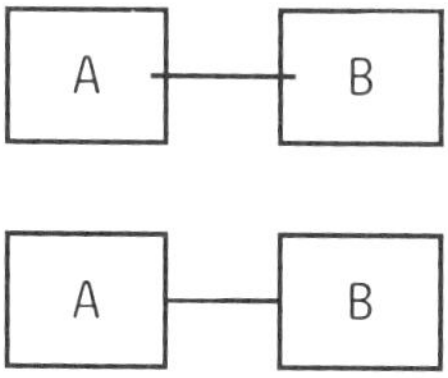

線を使うと・・・
・線がはみ出る
・図形の大きさを変えたり移動すると
レイアウトが崩れる

⑨ 図形の高さを一発で揃える

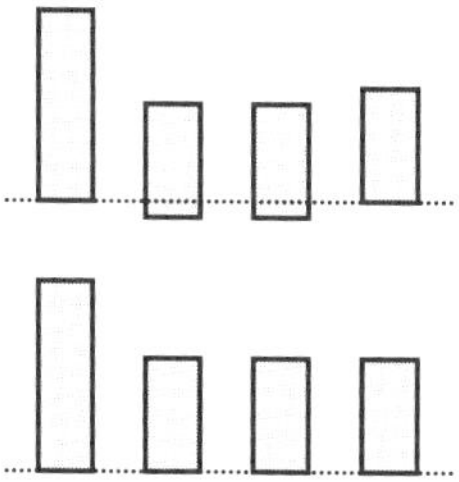

手で配置すると図形の位置が微妙に
ずれていることがあり気持ち悪い

図形の位置を揃える機能で、
一発で揃えることができる

19

最終成果物から逆算して、作業プランをつくる

重要度
★★

難易度
★★★

作業プランニングの方法として、**「空（から）パックをつくる」**というものがあります。

これは、簡単に言うと、**仕事を始める時点で、すでに最終成果物、最終アウトプットの骨組みをつくってしまう**ということです。

最終アウトプットをまずイメージして、設計して、そこから必要な作業を逆算して作業に落とす。ゴールから逆算して、いまを考えるという方法です。

これはコンサルタントの間では有名な方法ですが、一般にはそれほど知られていないようですので、ご紹介します。

最初に、アウトプットから逆算して、必要な作業を設計する

何かの資料をつくろうとするとき、多くの人は、まずは資料集めから始めます。なんとなくリサーチして、なんとなくいろんな情報を手に入れて、そこそこの情報量が集まったところで、それを並べ替えて、資料に仕立て上げる、というのがふつうのやり方でしょう。
コンサルタントのアプローチは、アウトプットから逆算する方法です。これを**「アウトプットドリブン」**といいます。資料をつくるとき、**最初にやることは、その資料のアウトラインイメージをつくってしまうこと**なのです。

アウトプットドリブン
仕事を始める時点で、最終アウトプットの骨組みをつくってしまい、そのアウトプットから逆算して作業する。

具体的には、パワーポイントを使ってタイトルだけをどんどん書いて、アウトラインを

つくってしまいます。**タイトルだけでスライドの中身はまだできていないので、空っぽで**す。なので、空（から）パックとか、空（から）スライドと呼びます。

そして、その空っぽのスライドの中身をどうしたら埋められるか？　ということを作業タスクとして洗い出す、つまり、**アウトプットから逆算する**わけです。

最終成果物のタイトルだけを書いた、中身が空（から）のパワポをつくり、中身を埋めていくためのタスクを洗い出す。

身近な例で考えてみましょう。あなたが結婚式を挙げるとします。そのプランニングを、空（から）パックの考え方でやってみましょう。

ふつうは、結婚式場に資料請求して……、それからゼクシィを眺めて……といった具合にまずは関係しそうな行動から入り、情報をとりあえず集めてみる、ということをすると思います。そして、ある程度情報が集まったところで、検討に入ります。

これに対し、アウトプットから逆算する空（から）パックの方法は、**最初に式次第**をつくります。何時から始まって、誰が挨拶して、何を上映して、料理は何が出て、というように、実際の式のプログラムを書き出していくわけです。

具体的な中身はまったくなくても、どういう要素が必要かを洗い出して、中身は空（から）でもいいので、式次第を書きます。空（から）の式次第です。そして、この空（から）の式次第の具体的な内容を、どのように埋めていくかを検討します。それから、そのために必要な情報を、結婚情報誌やらネットを見て集める、という順番です。

たとえば、テーブルの上には招待客の名前のプレートが必要となれば、そもそも招待状は誰に出して、どういうデザインで、いつまでに何の返事をもらって……といった具合に、それ自体がタスクの洗い出しにもなり、検討事項や、ワークプランニングにもなるわけです。

空（から）パックをつくるメリット

空（から）パックをつくると、次のようなメリットがあります。

①最終成果物がイメージできる

最終成果物をイメージできるので、ゴールや目的、何をつくるのかが、はっきりします。

②そのために必要な作業を洗い出すことができる

成果物から逆算して、何をしなくてはいけないかという観点で作業をリストアップすることができます。

たとえば、「リピート客は誰か」というスライドがあり、その中身が埋まっていないとします。リピート客についての分析を埋めないといけないわけですから、たとえば、サイトへのアクセス解析のグラフが必要で、購買データとの突き合わせの分析も必要といった具合に、そのスライドになければならない要素がわかります。

そして、そのグラフをつくるために、どういうデータを手に入れて、と逆算していくことによって、ワークプランにまで落とすことができるのです。

③ワークプランができる

その作業リストがワークプランそのものになります。

④それぞれの作業を切り出して、複数人に同時に依頼することができる

これは見過ごされがちな効果ですが、作業リストができて、成果イメージがあるので、最初の時点でどれとどれを並行して作業を進めてもだいじょうぶか、が頭の中にイメージできます。そのため、作業を切り出して、複数の人に同時に割り振ったりすることもできるのです。

⑤うっかりがない

最後の段階になって、「あれが足りない」「あれが抜けている」ということがありません。

空（から）パックをつくるというのは、案外高度な作業で、一年目の新人がいきなり行えることではないかもしれません。ただ、**どんなことでも最終アウトプットから逆算して考えるクセをつけておく**べきです。大きなプロジェクトでなくても、日々の小さな作業にもこの考え方は応用できますし、旅行や休暇をどうするか、英語力を上げるためにどうするかといったことでも、ひとつのプロジェクトとしてとらえれば、この方法が使えます。

どんなことでも、最終アウトプットから逆算して考えるクセをつけておく

次の本には、空（から）パックについて解説があります。

〈参考図書〉
『考えながら走る―グローバル・キャリアを磨く「五つの力」』秋山ゆかり（早川書房）

●まず、最終成果物のイメージをつくる

最終成果物をまず設定し、そこから必要な作業を逆算して作業に落とす。ゴールから逆算して考える。

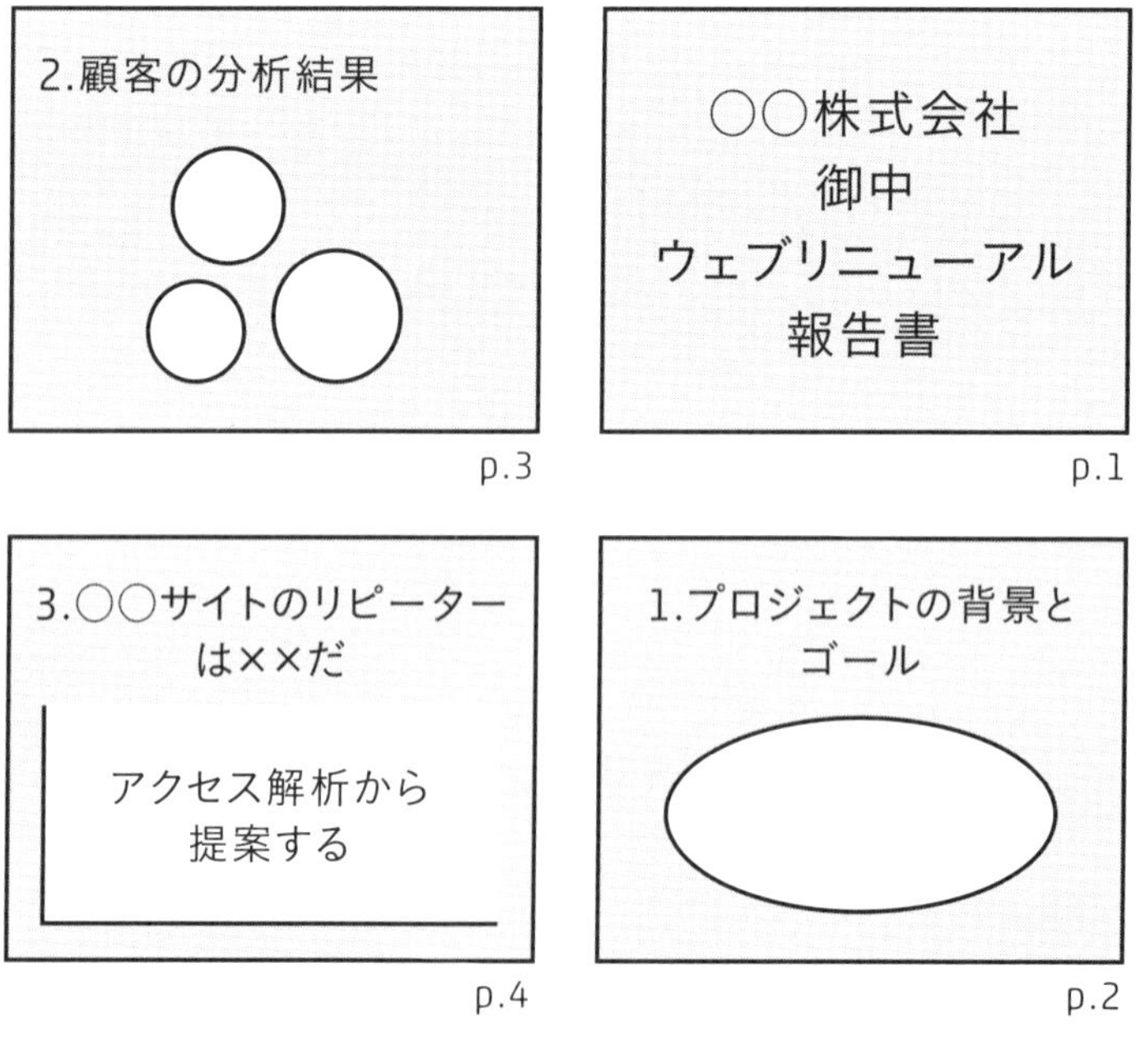

2.顧客の分析結果
p.3
○○株式会社
御中
ウェブリニューアル
報告書
p.1
3.○○サイトのリピーター
は××だ
アクセス解析から
提案する
p.4
1.プロジェクトの背景と
ゴール
p.2

●最終成果物をまず作成するメリット

①アウトプットのイメージが明確になる
②必要な作業を洗い出すことができる
③ワークプランができる
④作業を切り出して、複数人に依頼することができる
⑤うっかりがなくなる

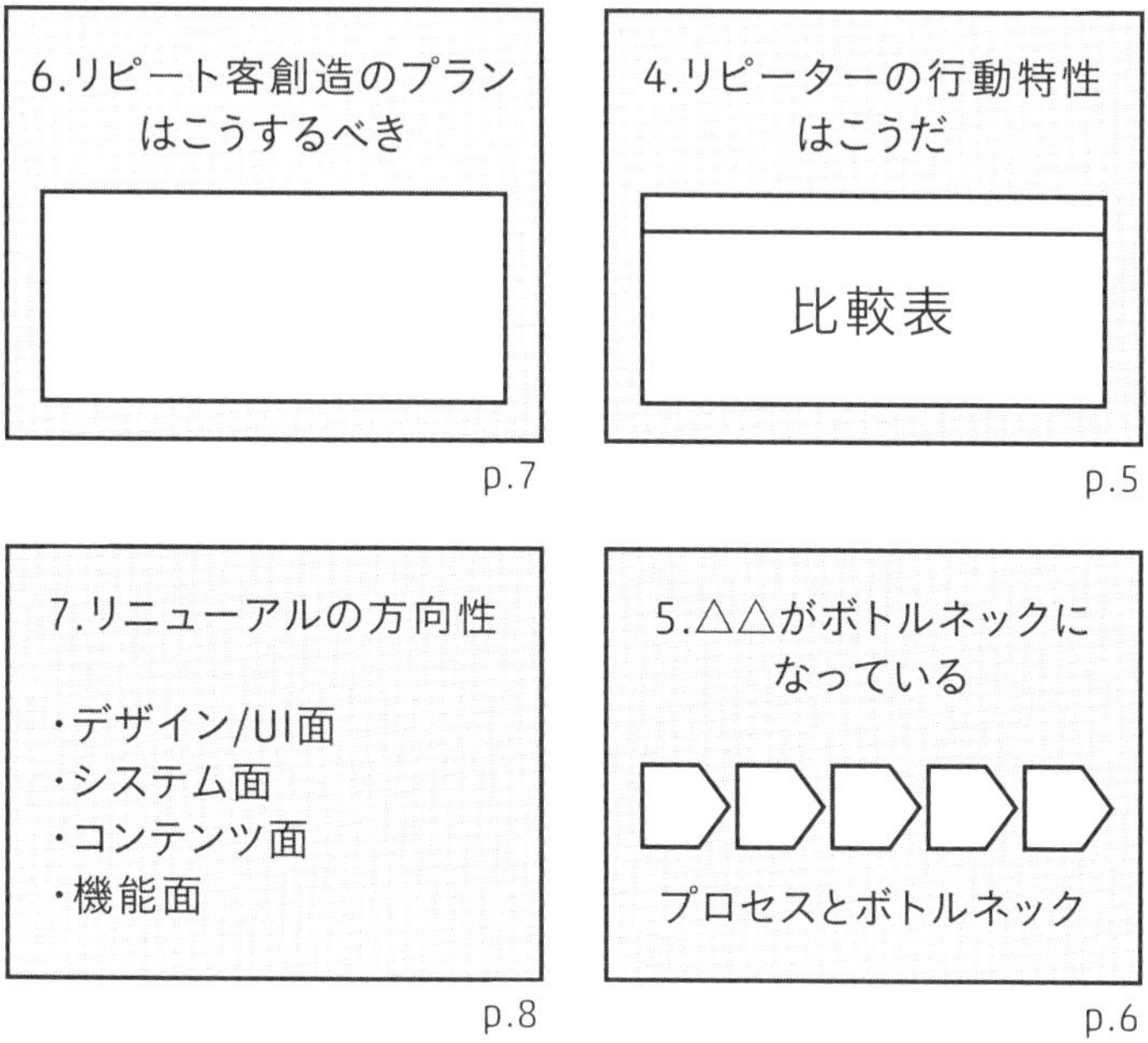
6.リピート客創造のプラン
はこうするべき
p.7
4.リピーターの行動特性
はこうだ
比較表
p.5
7.リニューアルの方向性
・デザイン/UI面
・システム面
・コンテンツ面
・機能面
p.8
5.△△がボトルネックに
なっている
プロセスとボトルネック
p.6

20 コンサル流検索式読書術

重要度 ★

難易度 ★

コンサルタントは、未知の分野に取り組む際に、短時間でひと通りの勉強をして、一定レベルまでキャッチアップする必要があります。とりわけ一年生は、あらゆるものが未知のことですから、人一倍いろいろなものを素早く勉強しなくては追いつけません。インプットのスピードが遅いと、仕事についていけなくなることがあります。

コンサル流読書術を身につける

たとえば、机に40センチも50センチもある資料の束を渡されて、明日までにざっと読んで要点をまとめておいて、といった作業を振られることがあります。
そういう場合、資料を逐一頭から読んでいては間に合いません。
そこで、効率のよい読書法や勉強法が必要となります。これは、拙書『コンサルタントの読書術』に詳細を書いたのですが、ここではそのエッセンスを紹介します。

基本的には、

- **読書の目的を絞る、明確にする**
- **ウェブを検索するように目次ベースで該当箇所を拾っていき、重要な部分だけ読む**
- **なるべく多くの文献を広く浅く当たる**

というものです。

この読書法は、どうやら多くのコンサルタントに共通するようです。本書の取材をとおして、ほかのコンサルタント出身者の方の読書の方法についても聞いてみたところ、みなさん、ほぼ似たような読書法をとりいれていることがわかりました。

たとえば、事業開発コンサルタントの秋山ゆかりさんは、もともとエンジニアからの転身で、コンサルティング会社入社時には、経営に関することは、ほとんど知らなかったそうです。日経新聞も読んだことがなければ、会計の初歩の用語である「減価償却」という言葉も知らなかった。経営に関する用語の9割が理解できなかったというのです。

このため、ものすごいスピードでキャッチアップしていく必要に迫られました。そこで、効率のよい読書法・勉強法として、3、4ヶ月は詰め込みでキャッチアップし、足りないところはスクールに通うなどしたといいます。

そのキャッチアップのために読んだ本は、1年間で800冊。正直、わたしにとってもビックリする量ですが、冊数ではなく、「必要な知識を手に入れる」ということが目的ですから、冊数を競ってもしかたがありません。もちろん、本を最初からめくって一字一句読んでいるわけではありません。あくまでも、目的は、必要な知識を手に入れること。そのために800冊の本を使ったのです。

漫然と、満遍なく読むのではなく、読む目的を明確にして、本を読む

本を読む目的を明確にすること、これが最初のポイントです。

多くの人は、何が知りたいのかということを明確にしないまま、なんとなしに本を選んで、頭からお尻まで順番に読んでいると思います。本の中には、いま必要としている情報も、そうでない情報もいろいろなものが混ざっていますが、それを取捨選択することなく、満遍なく読んでいる。

つまり、「はじめに本ありき」になってしまっていて、自分が何を知りたいのか、どうしたいのか、何のために本を読むのかという「目的」を忘れてしまっているのです。

でも、目的によって、本の読み方は変わってきます。秋山さんは、このことを次のようにたとえて言いました。

「司馬遼太郎の小説ひとつとっても、どういう目的でそれを読むのかによって、読むべきポイントは変わってくる。幕末の歴史の背景が知りたいのか、それとも坂本龍馬という人物のリーダーシップについて知りたいのか？　どちらかによって読むべき視点も変わる」

まさにそういうことです。

同じ本を読んでも、**目的や目的意識が違えば、注目すべき場所も違うし、読み取る箇所も違ってきます**。ですから、最初に、「この本では何を知りたいのか？」という目的を明確にすることがとても重要です。

まず本ありきで、漠然と知識を積み上げるのではなく、
まず目的ありきで、本を読む。

目的達成のために本を読むのですから、本のすべて一字一句に目を通す必要はなく、目的に沿って役に立ちそうな部分だけに目を通せば十分ということになります。

ウェブを検索するように、資料として本を拾い読みする

そして、次に、ざっと目次を追って、関係しそうな箇所に付箋を貼ったり折り目をつけたりして目印をつけます。そして、**該当箇所だけをざっと読んでいく**のです。

また一冊の本だけではなく、なるべく多くの本や資料から幅広く必要な箇所を読んでいきます。こういう読み方は、ウェブの検索に近いと思います。

たとえば、「減価償却」という言葉がわからなかったとしましょう。そういうときは、誰もがグーグルで「減価償却」を検索しますよね。その場合、「減価償却について理解する」という明確な目的をもって検索をしているはずです。検索が上手な人というのは、的確なキーワードを入力できる人のことで、つまり、検索の目的が明確な人です。

次に、検索結果が表示されたあと、当然のこととして、それを全部読むということはしないはずです。そもそも膨大な量があって、すべてを読むことは不可能です。

ざっと検索結果を見て、関係がありそうなことが書いてあるページを開いてみて、拾い読みをするはずです。そして、もし開いてみて、全然関係のないものが出てきたら、中身は読まずに閉じてしまうと思います。

ウェブの場合、こうした拾い読みの方法を、誰もが無意識にマスターしているものです。ところが、本というフォーマットになった途端に、目的意識が不明確になり、拾い読みができなくなってしまうのはどうしたことでしょう？　おそらくは、本が高価なこと、一度に一冊しか手に取らないといったことが関係しているのだと思います。

しかし、コンサルタントが高速で資料を自分の中にインプットできるのは、このようなウェブサーチ的な読書法をとっているからです。**大量の資料を用意して、検索&拾い読み**

をしていくという感覚です。

目的に沿って、ウェブサーチ的に、
大量の資料としての本を検索&拾い読みする。

では、コンサルタントは、あるテーマについて調べるとき、どのくらいのボリュームの資料にあたるのでしょうか?

先の秋山さんが、最近、「未来の食卓」というテーマで、肉の代替になるものは何か?を調べた折りには、畜産技術や人工肉のつくり方などについて、積み上げるとだいたい2メートルくらいになる量の資料に、2日から3日で目を通したそうです。

そのボリュームの本なり資料なりを、目的意識をもって検索&拾い読みすると、その道の専門家と話しても、だいたいポイントをつかんだ議論ができるようになるそうです。

なお、エグゼクティブ・ブックレビューといって、**いま注目されている本の要約をまとめた刊行物**があります。時間がないエグゼクティブ向けに、短時間で最新の本の内容を理解できるよう、要点だけをまとめたものです。こういうものを利用するのも賢い方法です。

こういう読み方を一夜漬けだと批判する人もいますが、わたしはそうは思いません。

まず**ざっと読むことで、全体の見取り図のようなものができて、どこが重要で、どこが瑣末な話かの見極めがつくようになる**からです。

そして、そのテーマでもっとも大事だと思う中心部分を、さらに専門的な本を使って今度は読み込んでいきます。

こうすることで、広く浅くだけではなく、広くかつ深い知識を得ることができるようになります。

〈参考図書〉

『コンサルタントの読書術』（Kindle版）大石 哲之（tyk publishing）

『考えながら走る—グローバル・キャリアを磨く「五つの力」』秋山 ゆかり（早川書房）

21

仕事の速さを2倍速3倍速にする重点思考

重要度 ★★★

難易度 ★★★

コンサルタントはとにかく仕事が速い。というか、尋常でない速さが求められます。

でも、彼ら、彼女らが抜きん出て優秀で頭の回転が速いから、それが可能になっている、というわけではありません。人に与えられた時間は24時間と平等ですし、どんなにタフで頭の回転の速い人でも、10倍も20倍ものスピードで作業ができるわけではありません。

そのスピードの秘訣は、「余計なことをやらない」ことに尽きます。

もっとも大事だと思うことのみにフォーカスして、瑣末なことは「たいした影響がないから、とりあげない」と割り切ります。

こういう考え方を「**重点思考**」といいます。「**20対80の法則**」ともいいます。

「売上の80%を、わずか20%の顧客がもたらしている」

「エラーの80%は、わずか20%の業務から発生している」

「組織のパフォーマンスは、トップ20%の人の働きによるところが大きい」

といった話です。

つまり、その**80%という大多数を決める20%の要素にだけ注目して**仕事をしましょうということです。

20%だけ検討すればよいなら、スピードは5倍になります。もしくは、同じ時間をかけるとすれば、**20%の重要な部分を5倍の密度で深く掘り下げることができる**わけです。

大事なことにフォーカスして、ディープに掘り下げる。それ以外のことは切り捨てる

コンサルティングのプロジェクトというのは、2ヶ月とか3ヶ月といった短期集中型ですから、課題になっていることをすべて検討することはできません。

だから、何が大事なのか、何がインパクトがあることなのかを早めに見極めて、それだけに集中して議論をするという方法をとります。

たとえば、マーケティングのプロジェクトがあったとして、最初のうちに顧客について調べて、ある程度の傾向をつかんだとします。その段階で、さらに細かく議論する前に、会社にとっていまいちばんインパクトがあって重要な顧客層をひとつふたつに絞り込んでしまいます。そして、そのひとつふたつについては深く分析して、密度を濃く掘り下げるのです。

つまり、**早めに重要な部分を見極めて、残りは切り捨てる**。そして**重要な部分は深く深く追求する**というやり方です。

フォーカスしたのち深くやるので、これを「**フォーカス&ディープ**」ともいいます。

なお、この反対が総花的なやり方です、ノーフォーカス（総花的）なのにディティール（細部）にこだわろうとする。到底、すべてを時間内に検討できませんし、ディティールにこだわるので、一つひとつもなかなか検討が進みません。結局時間切れになって、アウトプットはゼロということになります。

なお、前節で紹介した効率のよい読書法も重点思考、「フォーカス&ディープ」を本の読み方に応用したものです。目的意識をもって「その本から何を得たいか？」をはっきりさせて、ウェブで検索&拾い読みするように、必要な箇所だけを拾い読むという方法でした。

これは、逆の言い方をすれば、**必要なところ以外は読まない**。切り捨てるということです。その代わり、ざっと俯瞰したあと、重要だと思った部分は、今度は深く文献を読み込んでいく。まさに「フォーカス&ディープ」です。

切り捨てる勇気がないのか？大事なことと瑣末なことの区別がつかないのか？

多くの人は、切り捨てることが苦手です。なぜなら次の2点ができないからです。

①切り捨てることに罪悪感がある

どうでもいいことであっても、切り捨ててしまうのは、「ショートカット」とか「邪道」だとか、そういう表現をされることがあり、あまりいい印象がもたれていません。

「重要でないことは捨ててもいい」

「必要でないことはやらなくてもいい」

そういう「邪道」がありだというお墨付きが必要なのかもしれません。

②何が重要で何が瑣末なことかの判断がつかない

これがいちばんの問題です。どうしてそうなるかというと、結局自分の頭で考えておらず、**適切な問題設定ができていない**からです。

本を読むときにも、目的をはっきりさせるには、自分が何を知りたいのかを自問自答する必要があります。そういう自問自答は面倒だからと避けがちになりますが、それを避けていては、結局、**何が重要で何が瑣末なことかについて、自分なりの判断をもつ**ことができません。結局、わからないから、全部やっておこう、全部読んでおこうということになってしまいます。

大事なのは、何が重要で何が瑣末なことかについて、自分なりの判断をもつこと。それがわからないと、捨てる勇気ももてない。

読書法のところで話を聞いた秋山ゆかりさんは、わたしがインタビューをしたとき、仕事のためにロシア語の勉強をされていました。そこで、覚えているロシア語の単語帳のようなものを見せてもらうと、そこには１～１０００までの番号を振った単語が並んでいました。「７１９番 простить（to forgive）」のように。

その番号は何かと聞くと、ロシア語の新聞・雑誌の文章をコンピュータ解析して、もっともよく使われる単語を１０００個リストアップしたものだということでした。

何の言語でも、頻出の１０００語を覚えると、日常の７、８割のことは理解できるようになるとのこと。頻出単語をあらかじめ１０００語特定してしまえば、あとはそれを覚えるだけ。といってもその努力は必要ですが、少なくとも努力の効率がいいといえます。

これも、「重点思考」による勉強法といってよいでしょう。

なお秋山さんは、英語、フランス語のほかに、イタリア語、ロシア語をこのようにして習得したとのことです。

やらないことを決めて、努力を最適化する方法は、次の本が詳しく触れています。

〈**参考図書**〉
『得点力を鍛える』牧田 幸裕（東洋経済新報社）

22

プロジェクト管理ツール、課題管理表

重要度
★★

難易度
★

プロジェクト管理の基礎を学んでおくと、将来にわたって応用がききます。わたしはコンサルタントの一年目でＩＴ関係の仕事を通して、プロジェクト管理の基本を身につけることができました。

プロジェクト管理というのは、複数人で仕事をやるときに、進捗を管理したり、課題を管理したり、意思決定をしたりするというもの。関わる人が多くなってくると、こういうことをきちんと管理して、スムーズに物事を進めていくことが求められます。ＩＴの開発などでは、ときに数百人もの人が関わることがあるため、進捗を厳密に管理して、全体が滞りのないようにする必要があります。

プロジェクト管理の技術は多岐にわたるため、網羅的に学ぶとなるとたいへんですが、たったひとつだけ、簡単にできて、ずっと役立つ、プロジェクト管理の原型のようなものがあります。

それが「**課題管理表**」です。

これはエクセルに、プロジェクト進行上の課題をリストアップして関係者が進捗や状況を確認し合う表のことを言います。原型をひとつ覚えておけば、いろいろな場面や分野で、カスタマイズして使えるので、ずっと威力を発揮し続けます。

コンサルティング会社出身の人は何かにつけて管理表をつくり、きちっと物事を進めます。これも、ひとつの突出したスキルだといえます。

課題管理表が使える分野は、複数の関係者がいろいろな作業を行い、最終的にひとつのものをつくるというタイプのプロジェクトです。

プロジェクトというと大げさに聞こえるかもしれませんが、身近な例では、忘年会を計画して開催する、運動会を運営する、慰安旅行を計画する、引っ越しをする、家を建てるといったことまで、何にでも使えます。実際使っているコンサルタントもいました。

たとえば、課題管理表を利用してプロジェクトを進めた事例として、ウェブのリニューアルの例を挙げます。リニューアルのやりとりを進めていくと、瑣末なことから大きなことまで、たくさんの課題が出てきます。

「ロゴの色が暗すぎる」

「IEで見ると一部のレイアウトが崩れてしまう」

「そもそも、製品検索の機能は必要なのか？」

「検索機能が動かない」

といった具合に、あらゆる検討事項が出てくるものです。これがメール上で五月雨式に行き交っているだけだと、関係者が状況を把握するのはとても難しくなります。

エンジニア、デザイナー、ディレクター、いろいろな関係者がいますから、それぞれからバラバラに進捗や成果物の連絡がきたりすると、いったいどこをどのように修正して、何が決まって、何が検討中なのか、さっぱりわからなくなってしまいます。

このように、複数の関係者が入り乱れ、しかも各自が別々の場所で作業しているような場合は、状況をちゃんと整理しておかないと、認識にズレが生じて、できているはずのものができていなかったり、違うことを始めてしまったり、ハチャメチャになりがちです。

そこで課題管理表の登場です。

これを使って課題を整理して、関係者の認識を一致させます。

具体的には、次のようなものが最低限、課題管理表に挙げる項目となります。エクセルを使って、これらの項目を横に記載し、課題は縦に番号を振って並べます(211ページ参照)。

- **番号、日付**
- **タイトル** ロゴの色
- **課題の内容** ロゴの色が暗いという指摘がある
- **解決の方向性** もう少し明るいデザインを次回提案してもらう
- **ステータス** 検討中
- **担当** 山本
- **期限** 2014/8/30まで

もう少し別の例で解説しましょう。昨年、まさにわたしが課題管理表を使って本をつくったときのことです。そのときは、わたしのほかに、共著者とライティングを手伝ってくれる協力者の3人がいました。基本はメールで連絡しましたが、そのなかで発生した課題や進捗については、課題管理表をつくり、みんなが状況を認識できるようにしました。

たとえば、最初の段階。まずエクセルの表をつくって、課題をドンドン書いていきます。あんまり考えすぎないように。思いつくままにとにかく課題を書いていきます。

「まず対談のテープ起こしが必要」

「本にするには残り30ページほど必要なので加筆のネタを考える」

「編集方針を決める」

「表紙は誰に依頼するか」

といった具合。これでは単なる備忘録やTODOとあまり変わらないともいえます。これを役に立つようなものにするには3つの重要な方策があります。これを意識するかどうかが、単なるTODOの羅列なのか、それとも課題を「管理」できているのかを分けます。

1つは、担当者です。誰がやるのか？　必ず決めてください。
2つ目は、期限です。いつまでに終わらせるのか？
3つ目は、方向性です。その課題を解決するために、どう取り組むのか？

特に3つ目は大事です。たとえば、「テープ起こし」だったら、方向性の欄には、「誤字脱字があってもいいので、とにかく文字に起こしたものを来週までに用意する」といったように、解決の方向性を書き込みます。

次に記述のコツとしては、**曖昧な部分を残さない**こと。これが大事です。

たとえば解決の方向性のところの記載が、「来週までに頑張る」とか「善処する」とかではダメです。ここが曖昧だと、結局、翌週になっても課題は解決されないままでしょう。

「達成可能な目標」と言っていますが、**実際に目に見える形で達成の姿が浮かぶような目標設定が大事**です。

そのためには、たとえば次のようなことが重要になってきます。

・「追加企画を考える」ではなく、「企画案を3つ出してくる」のように**数字を使う**。
・「テープ起こし」であれば、「とにかく文字に起こしたラフ案を用意する」というように、**成果物のレベルを明示する**。

この表をアップデートして管理するのが、「**進捗ミーティング**」です。課題管理表はそのまま進捗ミーティングの題目になります。

・新しい課題があれば追加
・課題が複雑化していれば、細かく分けるなどの調整
・担当者と期限を決める
・解決の方向性、アウトラインを決める

表が全部埋まったら、ミーティング終了。議事録は不要です。この表が議事録になります。あとはそれぞれの担当が自分の仕事に励む。そして、次週、また確認し合えばよいのです。そのようなミーティングを仕切ることができれば、管理者としての株も上がるでしょう。

課題管理表は、プロジェクトを前に進める推進エンジン。課題を共有して、役割を決め、期限を切って進めていく、もっとも簡単なプロジェクト管理ツールです。

●シンプルな課題管理表のイメージ

①担当者 ②期限 ③対応方針を明確にする。
数字を使い、成果物のレベルを明示することで、
曖昧な部分を残さないこと。

No.	カテゴリ	課題	対応方針	対応結果	担当者	ステータス	期限
1	講演テープ起こし	講演の一部分の録音がない（QAに入ってから）	他の録音者がいないかを探す。出版社、コミュニティメンバーを当たること	調査の結果、録音がないので、あきらめて、QA部分は思い出して書き起こす	大石	完了	9/14
2	QA部分の書き起こし	QAの質問をつくる	吉田さんが記憶をもとに、適切なQAを15個作成。その中から10個選んで、新しく原稿を書き起こす	完了	吉田	完了	9/20
3	QA部分の書き起こし	Q5回答部分、大石の回答が抜けている	―	この質問に関しては、大石からの回答はなしでOKとする	大石	完了	10/15
4	タイトル	タイトル案出し	各自タイトル案を5つ出して、次回の会議で議論		大石 松井	作成中	10/20
5	表紙イメージ	イメージをデザイナーに伝える必要あり	似たようなイメージの他の表紙を、大石・松井がみつけてきて、デザイナーに送付		大石 松井	作成中	10/20

第4章

プロフェッショナル・ビジネスマインド

23

ヴァリューを出す

重要度
★★★

難易度
★

コンサルタントがよく使う言い方のひとつに、「ヴァリューを出す」というものがあります。

コンサルティング会社にいたころは、

「あなたの作業にヴァリューはありますか？」

「この資料には、ヴァリューがありますか？」

などと、この言葉を毎日のように繰り返し聞かされてきました。

ここでいうヴァリューとは、どういう意味なのでしょうか？

ヴァリューとは直訳すれば「**付加価値**」です。

さらに、ひとことで言うと、それは、「**相手に対する貢献**」です。

他人に対する貢献ができ、相手が価値あるものと感じてくれるなら、その仕事にはヴァリューがある、といえます。ここで大事なのは、あくまで**評価するのは相手**だということです。

他人に対する貢献ができ、相手がそこに価値を感じてくれたとき、その仕事には、ヴァリューが生まれる。

自分がやりたいことではなく、相手が求めていることをする

仕事の価値を決めるのは、自分ではなく、あくまでも相手です。ここが学生時代と大きく異なります。学生時代までは、あくまで自分が楽しいと思うか、自分にとって価値があるかというのが、価値の基準になっているものですから。

勉強をするのは、自分にとって役立ちそうだから。ボランティアをするのも、自分が成

長できるから。自分がやりたいことを見つける、自分がやりたいことをやるのが何より大事だと教わってきたことでしょう。

社会人になると、その視点が、他者になります。**相手がしてほしいと思うこと、相手が期待すること、それに応えるのが仕事**になります。**自分が何をやりたいのか、ではなく、相手が何を欲しているのか**、どうしたら満足するのかを考えなくてはいけません。

社会人は「消費者」ではなく、「生産者」。いかに会社に貢献するかと、その先の顧客の満足を考える

このスタンスの違いは、言い換えれば、「消費者」と「生産者」の違いです。つまり、学生のうちは消費者でよかったのです。学生はお金を払う立場ですから、大学の授業やサークル、ボランティア活動も、すべて消費です。それらを通じて自分の満足を追求するという広い意味での消費活動です。

お金を払っているのだから、自分の期待と違ったときには、「思っていたのと違う」と、落胆します。消費者の目線で「◯◯が足りない」という不満が出るのです。

ところが、会社に入っても、消費者のままの人がいます。

「会社が〇〇してくれない」「会社に〇〇が足りない」

でも、社会人になったあなたは、消費者の目線のままでいないでください。あなたは会社のお客さんではありません。**お金を払っているのは、あなたではなく会社なのです。**

消費者目線でいる限り、会社に対して不満に思うところにばかり目がいき、自分の期待するものと違う、ということになります。そして、もっといい別の商品がないか（転職）を消費者目線で探しはじめます。

しかし、本来のあなたの立場は、生産者です。会社に入った、**一人のプロとしてあなたが行うべき役目は、会社に貢献すること**であり、そして、その先にある**消費者や取引先を満足させること**です。

学生＝対価を払う消費者
社会人＝対価を受けとる生産者
社会人になっても、消費者目線のままでいてはいけない。

あなたの会社が何かウェブのサービスをつくっているなら、そのサービスを利用しているユーザーを満足させましょう。あなたの会社が何か機械をつくっているなら、その機械を利用する人が、「作業が効率化できた、コストが下がった」と言ってくれるものをつくる必要があります。あなたの会社が旅行会社ならば、旅行客が「一生の思い出に残った」と感謝してくれるような旅を提供する必要があります。

そして、コンサルティング会社であれば、クライアントの企業が改革を前に進めて、その経営が上向くことがゴールです。それ以外のことはどうでもいい。

あなたのやりたいことや好みや志向はどうでもいい。
たったひとつ、クライアント企業の経営にとって価値ある提案ができているか？

コンサルタントが考えるべきことは、それだけです。そして、本来それは、すべてのビジネスパーソンに共通することです。

他人に貢献することを仕事のゴールにする

冒頭の「あなたの作業にヴァリューはありますか？」という質問の意味は、「あなたがやっている作業は、作業のための作業ではなく、クライアントの問題を解決するために役に立つものですか？」ということです。

「この資料には、ヴァリューがありますか？」というのは、「その資料は、上司を満足させるためにつくったものではなく、クライアントの役に立つものですか？」ということです。

これを常に自問自答すること。

クライアントが「価値がある」と思わなければ、あなたがどんなに時間を費やしても、それは単なる自己満足にすぎません。

その仕事に、ヴァリューはありません。

コンサルタントという職業においては、他人に貢献することを自己の喜びにできることがもっとも大事な素質です。あなたの仕事においても、貢献すべき他者がいると思います。顧客、消費者、取引先。目線がそこに定まってさえいれば、新人であっても、すごいスキルなどなくても、クライアントのなんらかの役に立つことができるはずです。

ヴァリューを出す、といっても、なにも大きなこと、大それたことをする必要はありません。新人ですから、そう簡単にすごいことができるわけがありません。スキルがなければ、せいぜいできるのは、人より多くの時間を使って、がんばりでなんとかなる範囲のことをきちんとこなすことでしょう。

それでも、**目線が、貢献すべき他者のほうを向いている限り、あなたの仕事には価値があるの**です。

クライアントが「価値がある」と思わなければ、
あなたがどれだけがんばったとしても、
それは単なる自己満足。

24

喋らないなら会議に出るな

重要度 ★★

難易度 ★

「会議で発言しない人の価値はゼロ」

――これが、コンサルティング会社の価値観です。

しかし、日本の伝統的な会社では、特に若手が会議で発言しないことは、よくあることです。この違いはどうとらえればよいのでしょうか。

テレビのバラエティー番組を想像してください。ひな壇に座っているたくさんのゲストたち。タレントや文化人がずらりと20人くらい座っています。その前で、お笑いタレントの司会が、法律のトラブルをネタにして、ゲストとトークをしています。

この1時間ほどの番組のなかで、1度も喋らない人がいたとします。20人もゲストがいたら、1人くらいまったく喋らない人がいることもあり得ないことではありません。

そういう人を見つけたとき、みなさんはこう思うでしょう。

「なんでこの人、この番組に出演したんだろう?」

「喋らない人にテレビ局はギャラを払うのかな?」

当然の疑問です。

喋らないのになんで出演する必要があるのか? 喋らない人にどうしてギャラを払うのか? テレビに顔が映っていることが大事なのか? 数合わせなのか? 座っていればいいという役割なのか? いろいろな疑問がわきます。

テレビ番組には、喋らないゲストは呼ばない。呼んだからには、何か喋ってもらうようにする。それがふつうだと思います。

しかし、これがビジネスシーンになると、座っているだけの人がたくさん生まれてしまいます。ご存知のとおり、会議です。

ずらりと10人ほどが会議室に並び、特定の人だけが喋っています。

ほとんどの人は無言で、ときどき頷いたりするだけで、意見を求められるまでは何も喋りません。でも、最後まで頷いているだけならば、その人の価値はゼロなのです。

会議に出て発言しないのは、テレビに出演して喋らないゲストと同じ。価値はゼロ。

沈黙は無。黙っていては何も生み出せない

わたしはコンサルタント一年目に参加した会議で、ふたつの理由から発言ができませんでした。ひとつは最初だったので緊張していて、口を挟んでいいものかわからなかったから。ふたつ目は、まともに言えるような意見を自分がもち合わせていなかったからです。

この会議が終わったあと、マネジャーから呼び出されました。

「大石さん、あなたがあの会議にいた意味は何ですか？　何も発言しないなら、次回から出ないでいいから、リサーチの作業を進めておいてください」

これはショックでした。名指しで、「きみはいらない」と言われたのと同じです。テレビ番組でいえば、降板ということです。

何よりショックだったのはその理由でした。**喋らない人はいらない**。そう言われるとは思っていなかったのです。もとより、遠慮は通用しない組織だとは思っていたのですが、ダイレクトに言われて、身に染みました。

たしかに、喋らない人は、なんの価値も生んでいません。仮に**つまらない意見でも、自分なりに知恵を絞って、何かを言ったほうがマシ**で、沈黙は無だったのです。

日本の伝統的な会社では、下手な発言をしてはまずい、という空気があるかもしれません。ほかにも、遠慮があったり、序列を考えなければいけなかったりという理由で、上司から発言を求められないかぎり喋らない、という慣例の会社もあるでしょう。

しかし、コンサルティング会社の価値観では、**発言しない人の価値はゼロ**です。

会議とはセレモニーではなく、実際に物事を前に進めるために行われるチームワーク上の作業です。そのチームワークのなかで、一人だけ何もしない。アイデアも出さなければ、意見も言わないのであれば、その会議になんの貢献もしていないのと同じです。

そういう態度は、「遠慮や配慮」ととらえられるのではなく、「**チームに貢献する意思がない**」と判断されます。

そのくらいならまだいいのですが「貢献できるスキルや内容をもっていない」と思われる場合があります。つまり、それはシンプルに言って、「**無能**」**を意味する**わけです。

会議に出席することにも、コストがかかっている

おまけに、発言をしない人が会議に参加して何も生み出していない間も、その人の人件費を誰かが負担しています。コンサルタントはクライアントがお金を払って雇っているわけです。仮に、1時間のコンサルティング単価が1万円だったとしましょう。もし1時間の会議で何も話さない人がいたら、クライアントは、なんの価値も生まない人に1万円のコンサルティング料を支払ったことになります。

つまり、テレビ局が、何も喋らないゲストにギャラを支払っているのと同じです。これは、クライアントからしたら受け入れがたいことのはずです。

社内での会議だとこうしたコスト意識は希薄になりがちですが、コンサルタントの場合は、時間単価と、それに見合った仕事をしているかどうかを常にチェックされる側にあります。ですから、会議ひとつとっても、これだけ厳しく言われるのです。

社内の会議であっても、人件費は発生している。
出席したからには、自分の時間単価に見合った仕事をしているか？

コンサルタント一年目では、ことあるごとに、こうしたプロフェッショナリズムについて叩き込まれました。プロフェッショナルとしての行動基準や行動規範とは何か？　どうすればプロフェッショナルになれるのか？

コンサルタント一年目は、論理思考といったスキルを身につける時期でもあります。しかし、それ以上に大きいのは、このプロフェッショナル・マインドを叩き込まれたことです。**このマインドは、何十年たっても生きるもので、一度身につけると、なくなることはない**からです。

25

「時間はお金」と認識する

重要度
★★

難易度
★

「時間はお金です。時間を大切にしなさい」

こういう台詞はみなさんも何度も聞いたことがあると思います。とはいえ、そうはいっても、なかなか納得しづらい部分もあるのではないでしょうか。

わたしも、コンサルタントとして働きはじめるまでは、時間がお金といった感覚は一切もっていませんでした。しかし、一年目にしたある体験で、それが完全に腹に落ちたのです。

それはわたしがふたつ目のプロジェクトに配属され、クライアントのオフィス内で仕事をしていたときのことです。それまでは、自社のオフィスで資料作成や打ち合わせをすることが多く、客先にはミーティングがあるときだけ顔を出していました。しかし、このプロジェクトでは、クライアントがふだん仕事をしているまさに同じフロアで、同じように机を並べて仕事をしたのです。われわれコンサルタントチームの一挙一動が、クライアントから丸見えになる環境でした。

休憩の時間も金銭的コスト。プロフェッショナルに時間にこだわる

このとき、わたしは、いわゆるタバコ休憩に行きました（わたしはタバコを吸いませんので、飲みものなどを買い、休憩スペースでくつろぐという意味です）。クライアントの会社の社員も、同じスペースで休憩してタバコを吸っています。

ここで、わたしはちょっとリラックスしすぎて、同期のコンサルタントと長いこと雑談をしてしまいました。

その後、プロジェクトのマネジャーはわたしを呼び出し、諭すように言いました。

「大石さん、仕事中に休憩をするのは大事だけれども、時間を決めて、また、**プロフェッショナルな態度で休憩をとってください**」

たしかにもっともな指摘です。あまり長く休まない。雑談は控える。仕事におけるマナーです。

しかし、そのあとの理由づけが、当時のわたしの想像とは異なりました。

「大石さん、これはマナーではなく、お金の話です。うちの会社がクライアントに請求している金額を知っていますか？　大石さんも一年目ながら、コンサルタントとして料金を請求しています。その額は、1時間に1万円といったところです。**20分も休憩していれば、その料金は何千円もの金額になる**のですよ。顧客は支払ったお金が何に使われているのかを見ています。だから、プロフェッショナルな態度をとってください」

ガツンときました。

1時間に1万円というのは正直びっくりする額です。それほどの高額な料金をクライアントに請求しているとは、一年目のわたしは思ってもみなかったのです。

こちらはせいぜい、ちょっとした時間を使っているだけのつもりでも、クライアントから見たら、わたしの雑談に、何千円もの費用を払っていることになります。

単に「時間は大事」と言われても理解できなかったでしょう。しかし、金額に落とし込まれたことで、完全に自分の腹に落ちたのです。

それ以降も、もちろん休憩はとりましたが、静かに休憩し、誰に聞かれてもいいようにごく真面目な話をするにとどめました。

マネジャーのひとことで、このコスト感覚が体にしみつきました。


その後、わたしはコンサルタントを辞めて会社を立ち上げ、経営者という立場になりましたが、この感覚を、あらためて身をもって感じることになりました。

経営者は従業員に給料を払っています。社員から見ると時間はお金ではないかもしれませんが、**経営者から見れば社員の時間というのは、お金そのもの**です。というより、お金にしか見えないのです。

社員がサボっている、非効率的な仕事をしているのを見るとき、経営者はお金を失っているように感じるのです。


クライアントや経営者から見れば、社員の時間はお金そのもの。

もちろん社員に気持ちよく働いてもらう環境を整えたり、効率よく仕事ができるシステムを考えたりするのも経営者の仕事です。単に、働け、働けとしごいて、時間を搾り取りたいわけではありません。

それでも社員には、会社にいるワークタイムは、時間がコストであるという意識をもって働いてほしいと感じるのです。

新人であっても、常にプロフェッショナルとして振る舞う

誤解してほしくないのですが、コスト意識をもつということは、無駄なことを一切するな、ということではありません。

わたしもコンサルタント一年目は、無駄な作業をしたり、非効率なやり方をしたりして、時間を無駄にしたことがありました。そういう無駄を責めているということではありません。試行錯誤をしているうちは、無駄な作業や失敗は必ず生まれてしまいます。

大事なのは、**最低限、自分がプロフェッショナルであるように振る舞う**ということです。

つまり、効率が悪くても、いまのスキルで最大限の努力を示すことです。
タバコ部屋の話を思い出して、自分の時間に対する振る舞いが、プロとしてふさわしいものか、常に自問自答してください。

試行錯誤を重ねるうちは、失敗はつきもの。
スキルがないなりに、プロフェッショナルとして、最大限の努力をしているか？

26

スピードと質を両立する

重要度
★★★

難易度
★★

「時間をかけないといいものはできない」

「質の高いものにするには、なるべく多くの時間を使うことだ」

これらは常識として、いろいろなところで聞く話です。

しかし、わたしがコンサルタントになってすぐ学んだことは、少なくとも仕事に関して言えば、これらは嘘であるということでした。

むしろ、早い段階でたたき台を出して、それを改良していくＰＤＣＡサイクルを高速で回すほうが、短時間に、質の高いものができあがります。

時間をかけないといいものはできない、は嘘。スピードを追求すると、質も上がる。

Quick and Dirty か、Slow and Beauty か？

「大石さん、くだらないところに時間を使わないで、本質的な作業をしてください」

これは、わたしが最初のプロジェクトで言われたことです。

そのときわたしは何をやっていたかというと、パワーポイントの資料で、右上のところについているナビゲーションをていねいにつくっていたのです。ナビゲーションとは、「いま1章で、あなたはここを読んでいます」という表示のことで、ウェブサイトではお馴染みのものです。

しかし、資料で大事なのは中身です。本質的なところができていないのに、そんな体裁のところにばかり時間をかけてしまっていた。案の定、肝心の中身はぼろぼろでした。

「いいですか、大石さん、最終的に資料の体裁は大事です。ですが、あなたは新人、そんなつまらない体裁なんか真似ている暇がありますか？　あなたは、1日かけてこの資料をつくりましたが、中身はまるでなく、右上のナビゲーションを綺麗にして本番の資料を真似ただけ。中身ができてないのに、体裁なんかではごまかせません」

それを聞いて、「これは、本当にヤバい」と思いました。このままでは、最低の評価を受けるかもしれない。体裁でごまかせるほど、この会社は甘くないのだと。

マネジャーは続けてこう言いました。

「大石さん、**Quick and Dirty**を心がけてください」

聞いたこともない言葉でした。

「"Quick and Dirty"ですか？」

「はい。反対語は、Slow and Beauty ですよ」

Quick and Dirty とは、直訳すれば、「素早く、汚く」ということ。

時間をかけて完璧なものを目指すよりも、多少汚くてもかまわないので、とにかく早くつくる。出来は悪くとも、早く仕上げたほうがよいということです。

素早く、汚く。完璧でなくてもいいから、早く出す。

この重要性を、わたしの同期のあるコンサルタントの失敗談から説明しましょう。コンサルタントを経て、現在では、信州大学の経営大学院で教鞭をとっている牧田幸裕さんが、新人だったときの話です。

牧田さんは、ある製薬会社のプロジェクトで、マネジャーから、
「ライバル会社のMR（医薬情報担当者）が、一日でどういう活動をしていて、何箇所くらいの病院をまわって、医師に対してどういう活動をしているのか、調べてほしい」
という依頼を受けていました。

それを聞いた彼は、「わかりました」と安請け合いしてしまいます。

あらためて考えると、到底見つかりそうにない、難しいリサーチです。しかし、当時の彼には「どういう情報が手に入りにくいのか」に対する感度がありませんでした。

彼は、リサーチ会社に頼めばすぐ事例は出てくるだろうと踏んでいました。リサーチ会社とは、過去の雑誌や新聞のデータをもっていて、そこに頼むと、コンサルタントのかわりに記事を探してくれるのです。早速そこにリサーチを依頼した彼は、「明日にはきっと何か見つかっているだろう」と油断して、飲みに行ってしまったのです。

「明日の朝になれば、山ほどデータがきているに違いない！」

翌朝、彼のもとに届いたのは、なんとぺらぺらの記事が1枚だけでした。

まあここまでは、新人ではよくある失敗でしょう。しかし、彼は怒られたり、できないやつだと思われたりするのがイヤだったので、引き続き検索してみることにしました。

「本屋に行けば何かあるに違いない」

そう思った彼はタクシーに乗り、八重洲ブックセンターと丸善に行ってみました。しかし、何も見つからない。そのとき、電話が鳴ります。マネジャーからでした。

もちろん、この状況を話せるわけもなく、電話には出ませんでした。そして、時間だけがいたずらに過ぎていきます。

「国会図書館に行けばあるのでは……」

しかし、こちらにも何もありませんでした。

時間がたつにつれ、マネジャーの期待値は高まっていきます。これだけ時間をかけたのだから、きっとよい結果が出てくるのだろうと。

そして、彼が国会図書館からオフィスに戻ると、エレベーターでばったりマネジャーと出くわしました。

「2日経ちましたが、進捗はどうなっていますか？　報告してください」

「すみません。何も見つかっていません。2日調べましたが、わたしには調べられないことがわかりました」

マネジャーは泡を吹いて倒れそうになったそうです。その後、こっぴどく叱られたのは言うまでもありません。

この話で重要なのは、**調査がうまくいかなかったから叱られたわけではなかった**という点です。そこが、学ぶべきポイントです。

牧田さんは、最初に新聞記事の調査を依頼したとき、一晩調べて何も出てこなかった、その時点で、その「**何も出てこない**」**という調査結果を報告すべきだった**のです。

何も出てこないのは、つまり「公表されている新聞記事やレポートには、その種のデータは載っていない可能性が高い」という発見です。

もし彼がこのとき、

「日経新聞を3時間かけて全部調べましたが、何も出ませんでした。リサーチ会社にも頼みましたが、相手の声のトーンからすると、あまりデータをもっていないのではと思われます。ですから、これは文献をあたるより、製薬会社のOBに聞いてみるとか、医師や薬局にヒアリングするとか、方向を変えてみたほうがよいかもしれないですが、いかがでしょうか」と報告していたら、どうでしょうか。

マネジャーは決して怒らなかったはずです。たしかに困った事態ですが、2日間調べ続けて、結局、何も出てこないリスクは軽減できます。

3時間たった時点で、いままでのやり方はダメなので、アプローチを変える必要があると、軌道修正ができたはずだったのですから。

何も出てこない、という事実自体が貴重な発見。
「この方向ではうまくいかない」と気づくことができれば、すぐに軌道修正ができる。

牧田さんは、「**100点はいらない。3日の100点より、3時間の60点**」と表現しました。**時間をかけていきなり100点を目指すより、最初に早く前進して、ラフでもいいので答えを探る**ほうがいいのです。これが、"Quick and Dirty"です。

これは一般的に言われていることの正反対です。時間をかけてでも100点を狙うのが、筆記テストを中心に訓練されてきた学生時代の考え方です。また、会社によっては、中途半端なものは出すな、時間はかかってもいいから完璧なものに仕上げろ、と教えるところもあるでしょう。

ですが、次の2点で、"Quick and Dirty"のほうが理にかなっています。

時間をかけずに、まずは大枠の方向性を決める

ひとつは、時間の問題です。

実は、0点から90点まで完成させるのにかかった時間と、90点から99点にいたるのにかかる時間は同じだと言われています。そして、99点から100点にするには、さらに同じだけの時間がかかる。**徐々に、時間をかけても精度が上がらなくなっていく**のです。これ

は、ベル研究所のトム・カーギルが提唱し、90点から100点にするのは、0点から90点にするのと同じだけの労力が必要になるという意味で「90対90の法則」といわれています。

ですから、90点のところで止めておく。もしくは60点くらいでもOKとする。


60点じゃ使いものにならないのではないか？　とお思いかもしれません。もちろん、最終の成果物が60点では困ります。**しかし、大枠の方向性を決めるには60点で十分**なのです。

たとえば、先ほどの牧田さんのリサーチの例では、新聞と雑誌をリサーチし、文献を調べ、国会図書館に行って100点を目指した結果、成果はゼロでした。そのアプローチ自体が間違っていたからです。初期の段階で、アプローチ方法自体を変えてみるべきでした。


暗中模索で何もわからないときに知りたい情報は、東に行くか西に行くか、そういった大きな方向性です。

「文献で調べられるのか、それともやっぱり直接、医師などに聞かないとだめなのか？」

実は早期に結論を出したいのはそこでした。

ざっと文献をあたってダメだったという結果は、60点の結果かもしれませんが、大きな方向性のアンサーにはなっています。

満遍なく調査をしていたら、2日、3日かけて完璧を目指してしまうかもしれません。しかし、調査自体で100点を目指しても意味がありません。知りたいことのアンサーになってさえいれば、60点でも70点でもかまわないのです。

東に行くか西に行くか、そういうことで悩んでいるときに、何ヶ月もかけて85・3度の方角に行きなさいといった100点の精度の答えは不要です。

それより役に立つのは、「西はおそらくダメ」という結論を3時間で出すことです。そして東にちょっと進んでみて、さらに違う情報が手に入ったら、また方角を決めていく。

重要なのは、**仮説検証のサイクルを高速で回すこと**です。

そのためにも、とにかくラフでいいので、**おおまかな答えを見つけることを最優先**とします。おおまかな答えにYESかNOが出たら、精度を高めることはあと回しにして（必要ならあとで行う）、次に進んだほうがいい結果につながります。

時間をかけて完璧なものを目指すよりも、多少汚くてもかまわないので、とにかく早くつくる。

チームの一員の責務として、リスクは早めに開示する

ふたつ目は、リスクコントロールの観点です。締め切りギリギリになって、方向性が間違っていた、いままでのやり方がだめだったということになったら、すべてやり直しになってしまいます。

方向性が違っても、早い段階なら、みんなの力で方向修正できますが、プロジェクト終了間際になって間違っていたら、たいへんなことになります。ですから、早めに方向性を出して、当たりをつけたほうがいいのです。その当たりをつけるということが、“Quick and Dirty”の仕事術です。

“Quick and Dirty”で早くラフを出し、PDCAのサイクルを高速で回していく。

先ほどの体験からリスクコントロールを学んだという牧田さんは、次のように言ってい

ます。

「あなたがたった一人で仕事をするなら、完璧を求めてもいいかもしれない。そのリスクはあなたが背負うのだから。ただ、多くの人はチームで仕事をします。上司や同僚がいます。**チームの一員としての責務は、リスクを一人でかかえ込まないこと。**そのために、**リスクは早めに開示する**ことが、相手に対する思いやりなのです」

自分はできる、完璧だということを示そうと、何日もかけて１００点を目指すのではなく、方向性が合っているかどうかを早く確かめて、早め早めに相談すること。これは「報連相」の基本でもあります。

失敗を開示せずにかかえ込むと、チームに迷惑をかけるリスクが一気に高まる。
早め早めに上司に相談し、方向性が合っているかどうかを確かめる。

27

コミットメント力を学ぶ

重要度
★★★

難易度
★★

仕事に対するコミットメントとは、「**約束したことを必ずやり遂げてくること**」です。そして、約束した以上のものをもってくる。それが信用につながり、次のチャンスを広げます。

コンサルタントには常に高いコミットメントが求められます。しかし、彼ら、彼女らだって学生時代から、何にでも強くコミットする力をもっていたわけではありません。

ここでは、なぜ仕事にはコミットメントが重要になるのか、そしてコミットメントはどのように身につけることができるのかを、取材で得た話をもとにご紹介していきます。

田沼隆志さんは、コンサルタントから政治家（衆議院議員）へと転身された方です。

議員というのは、まさにコミットメントが信用につながる最たる職業。約束を守れるかどうかが政治家の信用のすべてと言っても過言ではありません。田沼さんは、コンサル一年目に身につけたコミットメント力が、いまも役立っているといいます。

一度約束したことは、何があってもやり遂げる。それがコミットするということ

田沼さんも、入社当初からコミットメント力があったわけではありません。本人曰く、「腑抜けていたふつうの新入社員」だったそうです。しかし、プロジェクトに配属されて2日目に、それを変える事態が起こりました。

彼は、1つ年次が上のコンサルタントと2名でチームを組み、翌日のクライアントとの会議に使う資料を作成していました。しかし、スムーズにいきません。前日の夜だというのに、まったくできていない。会議はもう翌日です。

こういう場合、クライアントに頼めば延期してもらえる可能性もあります。スケジュールに無理があったと言えば、相手も理解してくれるかもしれません。

しかし、先輩コンサルタントは、徹夜の道を選びました。**資料ができないのは、スケジュールの問題ではなく、自分たちの能力が足りないから**だと考えたのです。約束した資料をそのスケジュールで用意すると約束したのは自分たちだ。一度約束したからには、必ずもっていかなければいけない。その先輩はそう考えました。

田沼さんは、図らずともそれにつき合うことになりました。

徹夜での資料作成を終えた、翌朝。前日夜の時点では1枚もできていなかったにもかかわらず、そこには30枚ものパワーポイントができあがっていました。

早速マネジャーにもっていき、チェックを受けたところ、「期待値には届いていない。だが、時間には間にあった。そこは認める」と部分的ではありますが、褒めてくれました。中身についてはボロクソに言われ、修正点も多かったそうですが、ちゃんとていねいに赤入れをしてくれ、すぐに修正をかけ、無事、ミーティングに間に合わせることができました。そして、彼はトイレのなかで30分の仮眠をとって、その日のミーティングをこなしました。

この日以来、彼は、不可能だと思えることでも、やればできるんだ、という自信と確信を得たといいます。

どんな状況でも、言い訳しない。自分が約束したことは必ず守る。

コミットする対象は、常にクライアント。クライアントを起点に考え、彼らの求めるものを約束どおりに実現する

田沼さんはその後、2年半コミットした別のプロジェクトのことを語ってくれました。

長らく携わったプロジェクトを去る最後の日のこと。彼は、クライアントのフロアを挨拶回りしていました。部長のもとに行くと、部長はフロア全員の社員に呼びかけ、こう言いました。

「彼は、まるで我が社の社員のように、社のために働いてくれました。社員以上に我が社を愛して、考えてくれていました。ありがとう」

すると、フロアにいる50名の社員、全員がその場で立ち上がり、拍手をしてくれたそうです。

新人の若いコンサルタント一人がプロジェクトを去るのに、全員が集まって、拍手で送

り出してくれたのです。

信用は、年齢やスキルによって得られるものではない、ということでしょう。

クライアントに提供できる知識や内容は、なにしろ新人ですから、いくら優秀な人でもたかがしれています。でも、彼には50人もの人が信頼を寄せてくれました。それは、彼にコミットメントがあったからです。

さて、一連の話を聞いて、もしあなたが、「努力の姿勢を見せることこそがいちばん大事だ。がんばりを認めてもらうことが大事なんだ」と思ったならば、それは誤読です。

この話で大事なのは、そこではありません。彼がコミットしていた対象です。

田沼さんは、なぜそこまでがんばれたのでしょうか？　マネジャーに評価されたいからでしょうか？　怒られるのがイヤだったからでしょうか？

もし、単にマネジャーの評価を気にしてのことだったら、そこまでの力は生まれなかったでしょう。せいぜい、なんとかマネジャーをごまかす程度の資料をつくって、言い訳をしていたに違いありません。

しかし、彼の目線は、社内にではなく、クライアントに向けられていました。

上司ではなく、クライアントを助けること。クライアントの成功に対して、彼はコミッ

トしていました。それが、クライアントに伝わったのです。

がんばることにコミットしてはいけない。
社内の上司にコミットしてはいけない。
仕事の成果に対してコミットすること。
常に自分が貢献する相手にコミットメントをもつ。

クライアントと約束したものは、どんなことがあろうとも、やってくる。
そこに信じられないほど強いコミットメントをもっている。
そして、常にクライアントの期待値を上回るものをもっていく。
それを実直に繰り返すことによって、信頼を得る。
——これがコンサルタントの仕事術のほぼすべてだと言ってもいいでしょう。

思い返してみると、わたしも、何度も徹夜に近いことをして、薄氷を踏みながら、資料を間に合わせた経験があります。
あるとき、クライアントの中堅の社員が、ふとこんなことを言ってくれました。

「○○さん（コンサル会社の名前）は、すごいですね。どんなときでも、ちゃんと資料が出てきます。たいしたものです。徹夜をされているのかもしれませんが、お体にはお気をつけて」

そのとき、自分なりに、コミットメントと信頼について理解できた気がしました。そうか、クライアントは、そういうところを評価しているんだと。

方法は問わない。人の手を借りてでも、約束を果たすことを最優先する

もうひとつ、わかりやすい話があります。あるコンサルタントの新人研修時の話です。その研修では、とても難しく、かつ期限に間に合いそうにない大量の課題が与えられたそうです。

あるコンサルタントは、とにかく必死に努力してなんとか課題を間に合わせました。

別のコンサルタントは、必死に努力したけれども、自分の実力ではどうにもならない部分があったので、人に聞きました。それだけではなく、なんと、一部は他人に頼んで代理でやってもらいました。その結果、自分では全部できなかったけれども、ちゃんと期日

に、課題を完成させました。

2人の評価はどうなったでしょうか？

答えは、「同じ」です。後者がダメだという評価にはならなかったのです。

これはつまり、約束したことをするのにあたり、当人たちが非力だった場合どうするのかという話です。

自己責任の観点から言えば、「能力が足りない自分が悪い」「徹夜しろ」と個人を起点に考えてしまいますが、**コミットメントの観点ではクライアントを起点に考えます。**

ですから、自分たちで手に負えないと判断したなら、ヘルプを呼ぶことが正解になります。

誰かの手を借りてでも、極論を言えば、代わりに誰かにやってもらってそれをそのまま提出して間に合わせてもよいのです。

なぜなら、責任はクライアントに対して発生しているからです。

コミットする対象は、常に、クライアントとの約束です。

クライアントとの約束を果たすことが第一。方法は第二。
約束を果たすことが大事なのであって、一人でやり遂げることが大事なのではない。
自分たちの手に負えないときは、他人にヘルプを求めてでも最後までやり遂げる。

コミットメント力を高める方法

仕事にコミットメント力が必要なことは、おわかりいただけたかと思います。しかし、エピソードに出てきたほど強い意思をもって仕事に打ち込むのは、並大抵のことではありません。

では、実際に強いコミットメントをもって仕事をするには、どうすればいいのでしょうか？

ここでは、コミットメント力が高い人に共通しているポイントを提示します。

それは、次の2つです。

①仕事内容に納得していること
②コミットメントが高い組織にいること

順に見ていきましょう。

①仕事内容に納得していること

なぜ、コンサルティング会社ではみなコミットメント力が高いのでしょうか。

それはみな、コンサルティングがやりたくて入ってきているからです。もともと独立する人も多いコンサルティング会社には、そこに定年までいようとか、安定した仕事としてしがみつこうという目的で入ってくる人はいません。基本的に自立しています。

つまり、組織としてコンサルティング会社に入りたかったからではなく、職業としてコンサルティングをやりたくて入社してきています。

自分が望んで、納得してやりたいと思った仕事を選んでいる。だから、仕事が楽しくてしかたがないのです。

わたしの場合も、残業がどうとか、定時に帰れないとか、そういうことで不満を漏らさなかったのは、仕事自体が楽しくてしかたがなかったからです。労働時間が長くてつらいと思ったことはありましたが、どの瞬間も自分のやりたいことがやれていて、実に楽しくてしかたがありませんでした。

自分でこの仕事を選んでいる、という意識がコミットメントを高める。

②コミットメントが高い組織にいること

もうひとつは、コミットメントの高い組織にいることです。**コミットメントは伝染します。**周りの人のコミットメントが高い組織にいれば、それに感化され、強いコミットメントが醸成されていきます。

コンサルティング会社もそのひとつですし、ベンチャー企業にもコミットメントが高い組織は多いことでしょう。

もちろんそういう会社は珍しいので、多くの会社では、コミットメントが高い人と、低い人が混在していて、温度差があります。そういう場合は、**コミットメントの低い人の影響をなるべく避けること。**コミットメントの低い人の影響を若い段階で受けてしまうと、それが染みついてしまいます。

社内では、若いうちは配置を選べない部分もあるかもしれません。そんなときは、**直接の上司でなくても、これぞと思った人に頼んでメンターになってもらうのも手でしょう。メンターならば、社外の人でもかまいません。**

とにかく、コミットメントが高い人になるべく近づいて、影響を受けられる環境をつくってください。

コミットメントは伝染するので、社内ではコミットメントの高い人の近くにいる。
社内外問わず、メンターをつくる。
コミットメントが高い人に影響を受けられる環境をつくることが重要。

どうしてもコミットできない環境なら、ときには仕事を変えてみる

最後に、転職をお勧めする場合が2つありますので、書いておきます。

ひとつは、入社してみて、社内全員にコミットメントがないことに気づいた場合。そこに3年もいると、その思考が染みついてしまいます。若いうちに染みついた行動様式を、あとから塗り替えることは極めて困難です。

もうひとつはコミットメントの高い会社に入ったはいいけれども、その会社を選んだことに納得がいっていない場合。ブランド力や給与に惹かれた、もしくは、内定した企業にしかたなく入ったという場合もあるでしょう。

そこで、まわりの雰囲気にうまく乗って、自分もその仕事を愛することができるようになれる人は、それでOKです。しかし、自分が納得していないままの場合、周りの人はあなたに高いコミットメントを求めますが、あなたはそうでもない、というギャップが生まれます。

これは非常に苦しいことで、下手をすると精神的に追い込まれ、重大な事態を招きかねません。そういう場合は、ときに仕事を変える勇気をもつことも大事です。

わたし自身も、いまは独立してコンサルティング会社にはいません。

ですが、一年目に学んだコミットメントをする、約束を果たすということを仕事におけるもっとも大事な原則として、いまも実践し続けています。

28 師匠を見つける

重要度 ★★
難易度 ★

若いうちは、**どのような仕事をするかより、誰と仕事をするかのほうが大事**です。ですから、仕事選びよりも、いっしょに仕事をする人選びを大事にしてください。人格的に、能力的に、この人だと思う人の影響を受けることです。

コンサルタントは、プロフェッショナルな仕事です。もちろんノウハウ化できたり座学で学べるようなスキルの部分もあるかもしれませんが、それは、すでに本になって、本屋に並んでいます。

言語化できるような仕事は、すでにコモディティ化（一般化）していて、差別化はできません。それ以外の、**言語化できない暗黙知の部分こそがプロフェッショナルにとって大**

事です。

プロフェッショナルとは、神に宣誓する（プロフェス）というところからきている言葉です。そこでは、利益や合理性といったものを超えた、非経済的なものが大事になってきます。だからこそ、医者、弁護士、音楽家、スポーツ選手、なんでもプロフェッショナルと呼ばれる人は、技術のほかに、独自の美学や哲学をもち合わせています。

そして、その美学や哲学は、師匠のそばにいて、師匠の息を感じながらそれを真似ることによってしか身につきません。この世界はいまだに徒弟制度です。だから、一年目には、徹底的にそういう人のそばにいる必要があります。

以上は、わたしの言葉ではなく、今回取材をした山口揚平氏（ブルー・マーリン・パートナーズ代表取締役）の言葉です。わたしもこれに強く同意するため、丸々引用しました。

プロフェッショナルの仕事のうち、言語化できる部分は、すでにコモディティになっていて、差別化できない。

これは茶の湯や武道における「**守破離**」の考え方です。茶の湯や武道のような伝統的な師弟関係をとらえた言葉です。

「守」は、守る。まずは、師匠の一挙一動を真似る。息づかいから、何から何まで真似てみる。

「破」は、破る。師匠とは違った考え方や、ほかのやり方も覚えて、幅を広げていく。

「離」は、離れる。最後は、師匠のやり方、ほかのやり方を超え、自分なりの独自の技を生み出していく。

仕事にも応用できる「守破離」

守＝師匠の一挙一動を真似る

破＝師匠と違ったやり方を覚え、幅を広げる

離＝師匠のやり方を超え、独自の技を生み出す

これは、仕事の覚え方にも通じるところがあります。これでいえば、**一年目は、徹底的に「守」、つまり、師匠の一挙一動を徹底的に真似る**ということでしょう。

今回の取材でも、各コンサルタント出身者が、いかに新人時代に「守」を徹底したのかについての話をよく聞きました。

たとえば、ある方は、マネジャーの喋り方・間の置き方・メールの書き方・使っているペンの種類・服装・言葉遣い・食事の食べ方、はたまた怒ったクライアントへの対応にいたるまで、そのすべてを真似たと言います。

そこまで徹底して真似てはじめて、次の段階を目指すことができるということです。

言語化できない暗黙知の部分を、師匠から、徹底的に真似よ。

冒頭の話は、次の本にも詳しく書かれています。

〈**参考図書**〉
『まだ「会社」にいるの?』山口揚平（大和書房）

29

フォロワーシップを発揮する

重要度
★★

難易度
★

「リーダーシップ」という言葉は、誰もが聞いたことがあると思います。一般には、上に立つ立場の人が発揮していくものとされます。

一年目の新人には部下がいないわけですから、リーダーがリーダーシップを発揮して引っ張ってくれるのをただ期待して待っていればいいのでしょうか？

そうではありません。

一年目のあなたでも、いますぐできることがあります。それが、「フォロワーシップ」を発揮することです。フォロワーシップとは、いわば、**部下が発揮できるリーダーシップ**のことです。

「一年目に、上司との関係をどうつくったらいいのか？」

「よい部下になるにはどうすればいいのか？」

はじめて組織の上下関係のなかで働き、こんな悩みをかかえている人にも、フォロワーシップはヒントになると思います。

リーダーの提案をサポートするために周りを巻き込み、必要なことを考え、自主的に動く

リーダーがある提案をしたとしましょう。勇気をもって最初の提案者になるのが、リーダーの役割です。そのとき、部下は何ができるのか？


たとえば、その提案に賛同を示すこと。

自分がまず賛同することで、その実現に向けてリーダーをフォローすることができます。

これは、提案を丸呑みにするイエスマンとは違います。イエスマンに自主性はありませんが、フォロワーシップのある部下は、提案を理解し、それを実現するために自分で賛同の意見を示して、周りにも「これに参加しようよ」と勧めることができます。

リーダーの提案を汲んで、リーダーがほしいと思っていること、リーダーが必要としていることを考えて、自主的に動く。

これが、フォロワーシップのある部下です。

最初に提案をするのは、リーダーの役割。
その実現のために、率先して自主的に動くのがフォロワーシップ。

フォロワーシップについては、象徴的で、とても有名な動画があります。本書執筆時点ですでにYouTubeで280万回も再生されているので、目にしたことがある方もいるかもしれません。

その動画は、芝生のピクニック会場のようなところで、一人の男が突然、変な踊りをしはじめることから始まります。彼は最初の提案者であり、リーダーです。黙々と、楽しそうに踊っています。この段階ではたった一人なので、影響はありません。しかし、次の瞬間、事態は動き始めます。

2人目が、その男のそばに駆け寄り、いっしょになって踊りはじめたのです。ほどなくして3人目が加わり、4人目が加わり、最後は、ピクニック場の数百人の人が一斉に踊りはじめました。

たった一人の男が始めた踊りが、数百人を巻き込んでムーブメントになったのです。

率先してリーダーをフォローする姿勢を示し、周囲に影響を与える

この動画には、2つの教訓があります。1つ目は、最初の勇気をもって、一人で踊りはじめた男のリーダーシップを称えること。もう1つは、**2人目に踊り出した人の勇気**に注目することです。

リーダーが最初一人で踊りはじめたときには、それは奇異なものでした。おかしな人が踊っているだけ、と見ることもできたでしょう。

周りで見ている人にできることは2つ。ひとつは、単にそれを無視すること。もうひとつは、それに賛同を示して、リーダーを支える側に立つこと。

2人目の男は、誰の指示があったわけでもないのに、自分の判断で、最初の男のもとに駆け寄りました。そして、いっしょに踊りはじめました。

この2人目の行為こそが、最初に踊った男を単なる変人から、リーダーに変えたのです。

そして、3人目のフォロワーが加わり、4人目が加わり、5人目が加わり……そうして一気に数百人になりました。

一年目の新人にできることは、この2人目の男に相当します。自らが新しい提案を創り出すような実力はまだなくても、リーダーを賞賛し盛り立てて、仲間に加わることは自主的にできるはずです。

ムーブメントは、リーダー一人から生まれるものではありません。**リーダーと同じくらいに、最初のフォロワーも大事なのです。**

リーダー一人でムーブメントをつくることはできない。
どんな大きなムーブメントも、最初のフォロワーが重要となる。

あなたが一年目だとしても、フォロワーシップを発揮することはできます。それが、言葉を変えると、「**部下としてのリーダーシップ**」なのです。

フォロワーシップがある人は、のちのちよいリーダーになります。またよいリーダーは、先頭に立つこともできますが、一方で、他人をフォローすることも上手なものです。

一年目の仕事のなかでは、まずフォロワーシップを発揮してみてください。

もちろん、上司は選べませんから、たまたま気の合わない上司のもとにつくこともあるかもしれません。しかし、それでも部分的には、賛同できるところ、盛り立てられるところがあるはずです。小さいところでもいいので、フォロワーシップをあなたが発揮すること。そうすれば、きっとチームは一体になっていくことでしょう。

フォロワーシップは、部下としてのリーダーシップ。
よきチームには、よきフォロワーがいる。

〈参考〉
First Follower: Leadership Lessons from Dancing Guy
https://www.youtube.com/watch?v=fW8amMCVAJQ&feature=kp

30

プロフェッショナルのチームワーク

重要度
★★

難易度
★★

多くの会社では、新人に、アシスタントであることを要求します。そのため、自分が活躍するのは、もう少し経験を積んでからだ、と思っている人もいるかもしれません。けれども、それは違います。たとえ一年目だったとしても、担うべき役割は必ずあるのです。

「きみたちは一年目だけれども、一人のコンサルタントです」

これは、わたしが一年目に上司からかけられた言葉です。プロフェッショナルとして働いてほしい、という期待とともに、責任もまた感じます。一年目だからといって、何もできなくてもよいわけではない、というメッセージも含まれているからです。

この言葉に、プロフェッショナルとは何かのヒントがあります。

たとえば、あるプロ野球の球団に、あなたが入団したとしましょう。あなたは一年目の新人、周りにはベテランのレギュラー集団がいます。年間に何十本もホームランを打ったり、十何勝もする選手がいます。そういう集団のなかで、あなたはまだ1本もヒットを打った実績のない新人です。

でも、だからといって、あなたは、アシスタントをしているわけではありません。新人なりに、ヒットを打ち、よいプレイをして、チームが勝つことに貢献しないといけません。ベテラン選手のグローブを磨いたり、ただ練習に励んでいればいいわけではありません。

一年目でも、試合に出られるときは出て、勝利に貢献すること。それが、プロの選手なのか、単なるアシスタントなのかの違い。

「きみたちは一年目だけれども、一人のコンサルタントです」という言葉は、ていねいに翻訳すれば、次のようになります。

「ここでは、ベテランコンサルタントのグローブを磨いていても、試合に貢献しているとはみなされない。きみが打席に立てる場面はまだ限定的かもしれないけれど、その機会がきたら、ヒットを打ちなさい。そうでなければ、いずれチームから必要とされなくなる」

限定的な役割であっても、
新人も、なんらかの形で価値を発揮し、役割を担う必要がある。

さらに補足します。

「グローブを磨く仕事を否定しているわけではないからね。グローブを磨く人は別にいて、磨く役割のプロを採用しています。あなたはコンサルタントとして採用されたのだから、グローブを磨いてはいけない。あなたの仕事は、コンサルタントとして、試合に出て、顧客とチームに貢献することです」

上司には上司の、新人には新人の役割がある。自分の担当分野で、プロとして責任をもって仕事に取り組む

わたしの新人時代の仕事は、おもにデータの分析や整理などでした。クライアントからもらった何十万行もの売上げデータを使って分析をしたり、クライアントの支店に行って実際に社員がどのような行動をしているのかをリサーチしたり、という地道なものです。

それらのデータから何か意味があるものを紡ぎだす、というのが新人のおもな役割でした。

「現在の営業体制だと、市場全体のどのくらいカバーできているのか?」

「人員が足りないのではなく、ターゲティングで、カバー率を上げられないか?」

そんなことを考えるのはもうちょっと上のコンサルタントの役割ですが、実際にそのデータを拾ってきて、実証したりする作業は上の人はやりません。わたしの役割です。

「競合会社は、同じ人員数なのに、カバー率に15%以上の違いがあります。その差は、〇〇からきています」

といったようなことを数字の分析で言うのです。

そのために毎日遅くまでエクセルと格闘したり、データベースをつくってみたりして、試行錯誤するわけです。十数万行の売上げデータを整備して、クロス分析にかける。そんな作業を何度も繰り返し、キーとなる現象を見つけていきます。

きわめて泥臭い作業で、世間の人がコンサルタントと聞いて想像するような華やかなものではまったくありませんでした。

新人と、マネジャーでは、役割が異なります。マネジャーは、コンサルティング・プロジェクトの全体像を描いて、段取りをして、タスクを設計します。新人の場合は、その個々の単位の作業をこなしていくことが求められます。

つまり、**分業**なのです。新人のわたしにはマネジャーの役割はできませんが、**マネジャーにも新人がやる作業は代替できません**。

わたしは分析担当でしたので、チームが意味のある分析を出せるかどうかは、ひとえに自分にかかっていました。もしわたしが分析に失敗すると、プロジェクトも失敗します。

これは、担当分野が違うだけで、**全員がそれぞれの価値を発揮して、プロジェクトに貢献する**ということです。これに気づいたとき、プロのチームワークとはそういうことなんだと、はじめて理解しました。

チームワーク＝分業。
誰が欠けても成功しない。それぞれの担当分野で全員が価値を生み出すこと。

人とは違う役割を果たす

テレビ番組で22人23脚というのを観たことがあります。たくさんの子どもが足をお互いに縛って、走る。みんな体格も違うし、走るスピードも違うのに、この競技では、全員が他人と同じ動きをすることを求められる。決められた動きを決められたスピードで、個々の能力を無視した形で、全員が同時に行うことが求められています。それを番組では「チームワーク」だと言っていました。

「違う」

わたしは思いました。そんなのはチームワークでもなんでもない。

チームワークとは、それぞれにしかできない役割をそれぞれが担って、チーム全体の勝利に向かって走ることです。

もし、まったく同じ役割をする人が2人いたら、残念ながらどちらかは不要になります。

同じ役割を果たす人は、2人もいらない。

簡単なことでもいい。いまの自分の能力で、チームに貢献できる分野を考える

基本的にプロのチームワークとは、別々の役割を担う人がチームを組んでひとつの目的を達成することとです。コンサルタントのチームはその最たるものでした。

全員が同じことをするのではなく、違うことをすること。もし、自分が、他人と同じことをしていれば、2人のうちどちらかは不要と判断されます。ですから、**他人と違うことで、自分の特色をアピール**していかなければなりません。

難しいことでなくてもいいのです。わたしは、大規模なデータ分析が得意で、そこで価値が出せたので、それを武器にしていました。

ある人は数字が苦手だったので、ひたすらインタビューに行ったり、現場調査の分野で価値を発揮していました。また、とにかくタフで働く量では誰にも負けない人もいました。

価値の出し方はいろいろありますが、みんな生き残るために必死だったので、どうにかしていまの自分の能力で、チームに貢献できる分野を探していました。それがうまくはま

れば、本人にとっても、チームにとっても幸せです。

間違っても、他人と同じ分野で、弱点を埋めようと思ってはいけません。

「あいつはPCが得意だから、自分も学ばなくては」とか、「あいつはトークがうまいから、自分も練習しなくては」とか。それは、本人にとっても、チームにとっても不幸です。

これができない、あれもできないではなく、**まず自分が得意なこと、できることを起点に考えてみましょう。**チームに貢献できるなら、どんなことだって特技になります。

他人と同じことではなく、違った角度で貢献できる分野を見つけて、そこで認められるようになってください。

プロフェッショナルのチームワークとは、全員が、違う分野で価値を発揮すること。まずはいま自分にできることを起点に考えて、チームに貢献できる分野を探す。

あとがき

本書をお読みになって、偏りがあるなと感じた方もいらっしゃるかもしれません。

そのとおりで、偏りがあります。

しかし、本書の目的からいうと、それは正しいことです。

なぜなら、本書はいわば、複数の元コンサルタントたちが普遍的に重要だと考えるビジネススキルのうち、多くの人に共通したスキルだけを挙げたものだからです。

したがって、本書は網羅的ではありません。ほかにも一年目で学べる、役立つスキルはあると思います。

たとえば、本書ではとりあげなかったものとして、マーケティングや競争戦略の基礎といった経営学に関する知見もあります。

本としての体裁上、それらのスキルも含めようかどうか議論はありましたが、最終的には、若手のうちにしか通用しないものと同様、経営学上の知見についてもカットしました。

というのも、それは、元コンサルタントの方々との議論のなかで、一切話題に上がらなかったからです。話題に上がらないということは、枝葉に相当するものだということです。

本書のなかでも、繰り返し、重要なことに絞って枝葉は無視しろ、ということが述べられています。ですから、枝葉は無視して、元コンサルタントの経験のほうを信用して、重要な事柄のみに絞った次第です。

また、読者のみなさんの多くはコンサルタント業界以外にお勤めのことだと思いますが、よくよく読んでいただければおわかりのように、項目の多くが、コンサルティング会社に入社しなければ学ぶことができないような特殊なスキルの類ではありません。他の業界や、他の会社でも十分学ぶことができる項目です。

したがって、コンサルティング会社に勤めていないから意味がないととらえるのではなく、普遍的に役立つスキルのリスト、それぞれの日々の仕事のなかで学び、磨いていくべきスキルのリストとしてお役立ていただければと思っています。

また、もうひとつ付け加えなければいけないことがあります。それは、コンサルの経験だけが、その人のすべてを形づくっているのではないということです。

本書のコンセプト上、あくまでコンサルティング会社で学べたことをとりあげるという制限がありましたが、実際に各界で活躍されている方は、コンサルタントの経験に加え、コンサルタント職以外の仕事から学んだことも合わせた総合力で、現在、活躍されています。

すなわち、コンサルティング会社では学べなかった重要な事柄も、そこにはあるということです。

それが何であるかは、ここで書くには十分なスペースがありません。次回にとっておきたく思っています。

コンサルタントの経験から学べることに加え、みなさん自身の業界や会社から学ぶことも同様に大切になさってください。無駄な学びはありません。最終的にはすべてがつながっていくはずです。

2014年7月

大石哲之

〈取材にご協力いただいた方〉

本書を書くにあたって、スキルを30個挙げるために議論をし、体験や経験を引用させていただいた方々です。こちらの方々以外にも、多数の方のご意見を頂戴しています。※五十音順　敬称略

秋山ゆかり

事業開発コンサルタント　ソプラノ歌手　イリノイ州立大学在学中に、世界初のウェブブラウザであるNCSA Mosaicプロジェクトに参加し、インターネット・エンジニアのキャリアを重ねる。ボストン・コンサルティング・グループの戦略コンサルタントを務めた後、イタリアへ声楽留学。帰国後、国内外でのコンサート活動をしながら、GE Internationalの戦略・事業開発本部長、日本ＩＢＭの事業開発部長等を歴任。２０１１年、全世界のＩＢＭ社員の中から40人のグローバル・リーダーに唯一の日本人女性として選ばれた。12年独立。新規事業開発支援や、中東・ロシア・東南アジアの事業開発支援のプロジェクトを行っている。主な著書に『考えながら走る―グローバル・キャリアを磨く「五つの力」』、『ミリオネーゼの仕事術［入門］』、『「稼ぐ力」の育て方』などがある。奈良先端科学技術大学院大学情報処理学工学修士。

梅田友彦

エムスリーキャリア株式会社　薬剤師事業部事業部長　東京大学教養学部生命認知科学科基礎生命科学科卒業、東京大学大学院理学系研究科生物化学専攻科退学。２００４年にアクセンチュア株式会社に入社。06年にグローバル・ブレイン株式会社にてベンチャー企業への投資業務に携わる。投資先にはレアジョブ（マザーズ上場）、コムニコ（事業会社へ売却）、オトバンク、ウィングスタイルがある。11年よりエムスリーキャリア株式会社に参画し、経営管理グループのマネジャーを務めた後、薬剤師事業部事業部長を務める。

奥井潤

アーンスト・アンド・ヤング・アドバイザリー　シニアパートナー　東京理科大学工学部卒業後、１９９８年に会計事務所系コンサルティングファームに入社。その後、大手外資系コンピュータメーカーを経て、大手外資系コンサルティングファームにて、製造業、消費財業界のクライアントを中心とした、会社・組織の再編、企業の経営管理、会計領域の業務コンサルティングに従事。２０１０年よりアーンスト・アンド・ヤング・アドバイザリーの立ち上げに携わり、現在自動車業界の責任者を務める。

菅原敬

英国国立ブリストル大学経営修士（MBA）修了後、1996年にアンダーセンコンサルティング（現・アクセンチュア）に入社。99年にアイスタイル創業に参画。2000年にアーサー・D・リトル（ジャパン）に入社し、主にハイテク／通信企業に対する各種戦略立案のコンサルティング業務に携わる。04年よりアイスタイル取締役就任。CTO、2社の子会社社長を経て、11年よりCFO。東証マザーズ上場・東証一部市場変更を主導し、数々のM&A・投資を手掛ける。

田沼隆志

衆議院議員（千葉1区） 次世代の党所属 脱自虐史観や教育委員会改革をライフワークとする。昭和50年12月26日生まれ。東京大学卒業後、外資系経営コンサルティング会社アクセンチュアにて官公庁や企業（製薬、飲料、その他）の改革プロジェクトに従事。平成18年、政治を志し、街頭活動を開始。平成19年、千葉県議選次点。平成21年、23年、千葉市議2期連続トップ当選。市議時代は、教育改革の他、コンサルの経験を活かし、役所の情報システム改革、人事評価制度改革等を提案。24年、第46回衆議院議員選挙にて初当選。現在、拉致問題特別委員会理事、財務金融委員会委員。

牧田幸裕

信州大学学術研究院（社会科学系）准教授 京都大学経済学部卒業、京都大学大学院経済学研究科修了。ハーバード大学経営大学院エグゼクティブ・プログラム（GCPCL）修了。アクセンチュア戦略グループ、サイエント、ICGなど外資系企業のディレクター、ヴァイスプレジデントを歴任。2003年日本IBM（旧IBMビジネスコンサルティングサービス）へ移籍。インダストリアル事業本部クライアント・パートナー。主にエレクトロニクス業界、消費財業界を担当。IBMでは4期連続最優秀インストラクター。06年信州大学大学院経済・社会政策科学研究科助教授。07年より現職。12年青山学院大学大学院 国際マネジメント研究科 非常勤講師。著書に『フレームワークを使いこなすための50問』『ラーメン二郎にまなぶ経営学』『ポーターの『競争の戦略』を使いこなすための23問』『得点力を鍛える』（いずれも東洋経済新報社）、雑誌連載など多数。

山口揚平

早稲田大学政治経済学部卒。東京大学大学院卒。1999年より大手コンサルティング会社でM&Aに従事し、カネボウやダイエーなどの企業再生に携わった後、独立・起業。企業の実態を可視化するサイト「シェアーズ」を運営し、証券会社や個人投資家に情報を提供する。2010年に同事業を売却。現在は、コンサルティング会社をはじめ、複数の事業・会社を運営する傍ら、執筆・講演活動を行っている。専門は貨幣論・情報化社会論。

ディスカヴァーのビジネス書

「21世紀型スキル」を
初めて実践的に紹介！

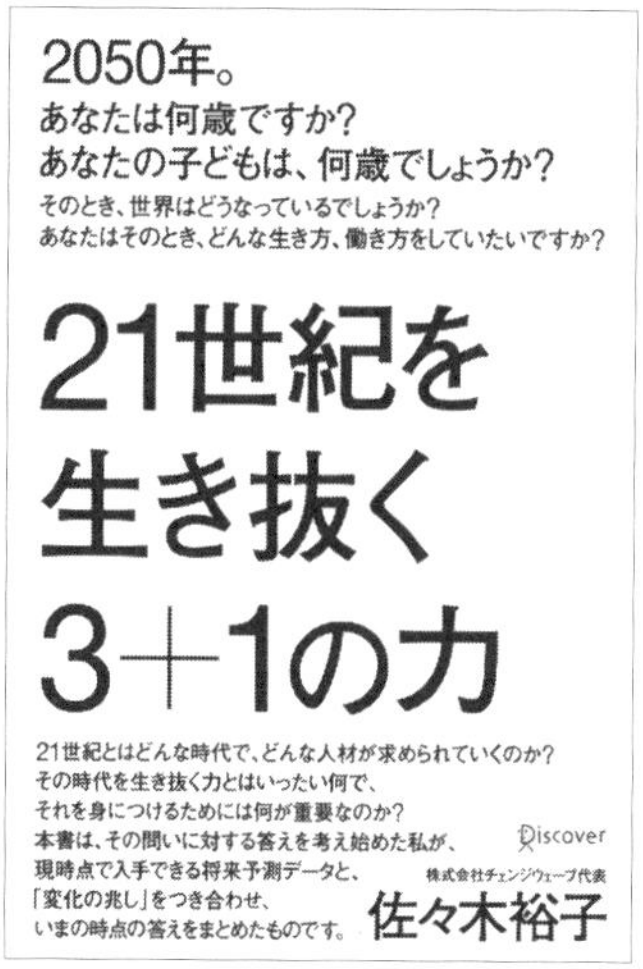

21世紀を生き抜く3+1の力
佐々木裕子

21世紀とはどんな時代で、どんな人材が求められていくのか？ その時代を生き抜く力とはいったい何で、それを身につけるためには何が重要なのか？ 本書は、その問いに対する答えを考え始めた筆者が、現時点で入手できる将来予測データと、「変化の兆し」をつき合わせ、いまの時点の答えをまとめたものです。

定価 1500円（税別）

お近くの書店にない場合は小社サイト（http://www.d21.co.jp）やオンライン書店（アマゾン、楽天ブックス、ブックサービス、honto、セブンネットショッピングほか）にてお求めください。
お電話でもご注文いただけます。03-3237-8345

ディスカヴァーの21世紀スキルシリーズ

21世紀を生き抜くビジネスの教科書

#01 実践型　クリティカルシンキング

佐々木裕子

ロジカルシンキングだけでは世界では戦えない。外資系コンサルティング出身の現役ビジネスパーソンが教える、明日から実践するための「結果を出す人の思考法」とは？　本書では、この思考法を3つのステップに分け、授業形式で演習を交えながら紹介していきます。

STEP1　目指すものを定義する
STEP2　何が問題なのかをクリアにする
STEP3　打ち手を考える

「21世紀スキルシリーズ」創刊第一弾！

定価 1300円（税別）

お近くの書店にない場合は小社サイト（http://www.d21.co.jp）やオンライン書店（アマゾン、楽天ブックス、ブックサービス、honto、セブンネットショッピングほか）にてお求めください。お電話でもご注文いただけます。03-3237-8345

ディスカヴァーの21世紀スキルシリーズ

21世紀を生き抜くビジネスの教科書

#02 コンサル流 プレゼン資料作成術

吉本貴志・伊藤公健

なぜ、コンサルのプレゼンはすごいのか？ その秘密は資料づくりにあった！ 社運をかけたコンペ、取引先への営業資料、社内での事業企画……あらゆる場面で“勝てる”プレゼン資料の極意とは？

定価 1300円（税別）

コンサル一年目が学ぶこと

発行日　2014年 7月29日　第 1 刷
2022年 1月17日　第21刷

Author　大石哲之

Book Designer　小口翔平＋西垂水敦(tobufune)

Publication　株式会社ディスカヴァー・トゥエンティワン
〒102-0093 東京都千代田区平河町2-16-1 平河町森タワー11F
TEL　03-3237-8321(代表) 03-3237-8345(営業)
FAX　03-3237-8323
https://d21.co.jp

Publisher　谷口奈緒美

Store Sales Company　安永智洋　伊東佑真　榊原僚　佐藤昌幸　古矢薫　青木翔平　青木涼馬　井筒浩　小田木もも　越智佳南子　小山怜那　川本寛子　佐竹祐哉　佐藤淳基　佐々木玲奈　副島杏南　高橋雛乃　滝口景太郎　竹内大貴　辰巳佳衣　津野主揮　野村美空　羽地夕夏　廣内悠理　松ノ下直輝　宮田有利子　山中麻吏　井澤徳子　石橋佐知子　伊藤香　葛目美枝子　鈴木洋子　畑野衣見　藤井かおり　藤井多穂子　町田加奈子

EPublishing Company　三輪真也　小田孝文　飯田智樹　川島理　中島俊平　松原史与志　磯部隆　大崎双葉　岡本雄太郎　越野志絵良　斎藤悠人　庄司知世　中西花　西川なつか　野﨑竜海　野中保奈美　三角真穂　八木眸　高原未来子　中澤泰宏　伊藤由美　俵敬子

Product Company　大山聡子　大竹朝子　小関勝則　千葉正幸　原典宏　藤田浩芳　榎本明日香　倉田華　志摩麻衣　舘瑞恵　橋本莉奈　牧野類　三谷祐一　元木優子　安永姫菜　渡辺基志　小石亜季

Business Solution Company　蛯原昇　早水真吾　志摩晃司　野村美紀　林秀樹　南健一　村尾純司

Corporate Design Group　森谷真一　大星多聞　堀部直人　井上竜之介　王廳　奥田千晶　佐藤サラ圭　杉田彰子　田中亜紀　福永友紀　山田諭志　池田望　石光まゆ子　齋藤朋子　福田章平　丸山香織　宮崎陽子　阿知波淳平　伊藤花笑　伊藤沙恵　岩城萌花　岩淵瞭　内堀瑞穂　遠藤文香　王玮祎　大野真里菜　大場美範　小田日和　加藤沙葵　金子瑞実　河北美汐　吉川由莉　菊地美恵　工藤奈津子　黒野有花　小林雅治　坂上めぐみ　佐瀬遥香　鈴木あさひ　関紗也乃　高田彩菜　瀧山響子　田澤愛実　田中真悠　田山礼真　玉井里奈　鶴岡蒼也　道玄萌　富永啓　中島魁星　永田健太　夏山千穂　原千晶　平池輝　日吉理咲　星明里　峯岸美有　森脇隆登

Proofreader　鴎来堂
DTP　アーティザンカンパニー株式会社
Drawer　岸和泉
Printing　大日本印刷株式会社

・定価はカバーに表示してあります。本書の無断転載・複写は、著作権法上での例外を除き禁じられています。インターネット、モバイル等の電子メディアにおける無断転載ならびに第三者によるスキャンやデジタル化もこれに準じます。
・乱丁・落丁本はお取り替えいたしますので、小社「不良品交換係」まで着払いにてお送りください。
本書へのご意見ご感想は下記からご送信いただけます。　https://d21.co.jp/inquiry/

ISBN978-4-7993-1532-3
©Tetsuyuki Oishi, 2014, Printed in Japan.